ロールズ正義論入門

森田浩之
Morita Hiroyuki

論創社

まえがき

本書はジョン・ロールズの『正義論』の解説書である。

ジョン・ロールズは一九二一年に生まれて、二〇〇二年に亡くなったアメリカの哲学者で、『正義論』は一九七一年に出版された政治哲学の本である。

本書は三つのことを目的にしている。第一に、わかりやすく『正義論』を日本の読者にお届けすること。第二に、『正義論』を哲学書として読みなおすこと。第三に、ロールズを擁護することである。

じつは、私のなかでは、第一と第二は矛盾している。というのも、『正義論』はいままで、貧富の格差を是正する政策を正当化する書物と見られてきたからである。そのため『正義論』は政治や経済の分野で議論されてきた。

わかりやすい解説のためには、読者がすでにお持ちの知識と関連づけることが必要だが、新しい解釈を提示すれば、それだけ読者には、中身がむずかしく感じられるであろう。

だから第一の目的と第二の目的は、トレードオフ（あちらを立てれば、こちらが立たず）の関係かもしれないが、あえて二兎を追ってみた。

とはいえ、それでも、いくつかむずかしく感じられるところもあるだろう。そこにも、トレードオフの関係がある。

わかりやすく書くためには、表現を噛み砕くか、たとえ話を多用するのがよいだろう。私なりに、できるだけそうしたつもりではあるが、実際、そのように書き始めてみると、ロールズの文意から離れていくのが感じられた。

ロールズは哲学者だから、難解な用語を使ってしまう。これらをわかりやすい日本語にしてみると、ロールズの伝えたかったことが、曲解されてしまう気がしてきた。

また、たとえ話を多くして、現代の日本人に通じやすい例に置き換えてみると、やはりロールズの意図から遠くなっていく。かといって、ロールズの用語を直訳して、そのままでなにも解説しないと、意味不明なままで終わってしまう。

ぜひ、ご理解いただきたいのは、本書は「わかりやすい正義論」と「正確な正義論」の二兎を追って、釣り合ったところにある、ということである。

だから、もしむずかしいところに出会った時に、それでも食いついてきてくだされば、それだけロールズに近づいたことになる。そして、ロールズを自分のものにして、社会と自分を新しい視点から見つめなおしていただきたい。

第三の目的はロールズを擁護することだが、「ロールズを語ること」は「ロールズを批判すること」と言っていいくらい、ロールズはこの五〇年近く、徹底的に批判されてきた。それほど批判されるくらい偉大な作品だということであるが、それでも、私には、批判のための批判にしか思えない論評も多かった。

この世に批判を受けつけないほど完璧な書物などないけれど、それでも一度は完全に、ロールズを受け容れる努力をしてから批判してもよいはずだ、と感じることがある。そこで、本書では、こういった揚げ足取りの批判からロールズを守る試みをしたかった。まずはロールズの身になって読んでから、その後で自分の考えをまとめてもよいだろう。

本書が形になるまでには、多くの方々にお世話になりました。とくに論創社社長の森下紀夫さんと、編集部の林威一郎さんには、心より感謝申し上げます。

ロールズ正義論入門　目次

第1章　平等な自由

第1節　「自由」の定義

「自由」とはなんであろうか。「なにも制約のないこと」というのが普通の定義であろうが、ロールズの「自由」は二一世紀のわれわれの視点から見れば、特別な意味を持っている。なぜ「特別」であるのかと言えば、それはロールズが考えるような「政治的」自由が、ある程度は達成されている（と思われている）からである。

ロールズの意味する自由は、思想・良心の自由、結社の自由、平等な政治的自由、人格の自由、法の下の権利と自由のことである。

ここでわれわれは、ロールズが取り組んでいる課題と、ロールズが属している文化という、ふたつの相違点があるために、「なぜこれを問題にすべきなのか」と疑問に思ってしまう。ひとつひとつ丁寧に説明していこう。

まず確認すべきは、ロールズが相手にしているのが、現実社会ではなく、過去三〇〇年以上の政治哲学史だということである。もちろんロールズが現実社会のことをまったく無視しているのかというと、それは言い過ぎではあるが、直接的な関心は学問的な成果をまとめることである。

ロールズは「社会契約論」と呼ばれる学派の系譜にあり、それを現代の文脈で復活させせた人である。だから課題の出発点は過去にある。と同時に、それは西洋という限られた地域で始まり、そこで培われた思想である。

これは過去にその地域で起こった出来事への対応から生まれてきたものである。だからわれわれにとっては、歴史と地域というふたつの意味で、なじみの薄い思想となる。

これについて話を進める前に、自由の中身について、もう一度確認しておこう。ロールズにとっての自由が、思想・良心の自由、結社の自由、平等な政治的自由、人格の自由、法の下の権利と自由であると述べた。これらはすべて日本国憲法で保障されている基本的人権である。

冒頭で、これらの自由は現代のわれわれにとっては「特別な意味」があると述べたが、実際のところは、これらは憲法に書かれているように、われわれの人生にとっては必要不可欠なものである。

だがここで確認しておかなければならないのは、われわれが日常的に普通に使う「自由」と、憲法で保障されている「自由」とのあいだに違いがあることである。ここから説明しなければならない。

ロールズが最も重要と考えるものは「平等な自由」である。そしてこの自由は人間の本性が完璧に発揮される状態である。じつはこの時点で、ロールズはひとつの人間観を前提にしている。

ロールズは自由を「なにも拘束のない状態」とは考えておらず、むしろ「人間が最も人間らしい状態」と捉えている。これはロールズが「人間であるならば、こうあらねばならぬ。こうあるはずだ」という特定の価値観にもとづいていることを示す。

人間が人間らしくあるとは、その精神を最大限に活用することであり、それを他人と共有することであり、他人と交流することでさらにその能力を伸ばすことである。そして他人と関わる以上、関わり方についてのルールを合意にもとづいて決めることであり、そのためには精神的にも身体的にも他人の支配下に入ることなく、他人との合意の結果である法律によって守られるということである。

人間が人間であることの最大の特徴は、その精神の働きにある。そのため、精神の働きを制約してはならないから、「思想・良心の自由」が大切になる。そして人間はひとりでは生きてはいけないし、むしろ他人と交流することによって能力がもっと有効に利用されるから、だれと関わるかということについても制限があってはならない。

また、他人と関わるためには、関わり方についてのルールを必要とする。それは他人と関わるわれわれ全員の合意にもとづいて決められなければならない。ゆえに、ルールを決める過程には、われわれ全員が参加しなければならない。これが「平等な政治的自由」のことであり、その代表が参政権である。

さらに、自分がどんな人間であるのか、どんな人間になりたいのかは、その人の人生にとって最も重大な決断である。だからこのような決定について、他人はその人を支配してはいけない。代表的な例が奴隷である。これは人間が「道具」になってしまうことだから、明らかな「人格権」の侵害となる。

このような他人との関わり方についてのルールは、個々人の自由と権利を保障するものであるが、ここで自由とルールは循環関係にある。自由を守るためにルールが必要なのであるが、ルール、すなわち法律が「自由」を定義して、それを保障することになる。

われわれはここで、なぜロールズはいまさらこれらを正当化するために本を書いたのか、と疑問に思ってしまう。というのも、やはり日常的には、われわれにとっての自由とは、自分の持っているものを、他人にとやかく言われることなく、制限なく使用することや、処分できることである。

しかしこれは「経済的自由」であって、ロールズが問題にしているのは「政治的自由」であるし、さらに大事なのは、ロールズにとっては、政治的自由のほうが経済的自由よりも重要だということである。

ここで先ほどの「ふたつの違い」に戻ろう。ロールズの第一の目的は、過去三〇〇年の社会契約論という政治哲学を現代の文脈で語りなおすことであって、現実社会への適用は二次的な関心であり、そしてそれが西洋という特定の場所で誕生したことである。

そこで簡単に、一度三〇〇年前のヨーロッパにさかのぼってみると、ここでの最も大きな社会的課題は宗教戦争である。当時の政治哲学者たちは、宗派の対立による殺し合いを解決するために「社会契約」という発想を思いついた。

彼らは、対立を解消して異なった考え方の人びとがひとつの社会のなかで平和的に共存していくためには、社会のメンバー全員が合意したルールにもとづいて統治していくことが必要であると考えた。

じつはここまで、あまり「平等」という言葉を使わないようにしてきた。というのも、現代のわれわれにとって最も重要な平等は「経済的平等」であり、これはとくに貧困や格差という課題とともに語られることが多い。しかしロールズが第一に問題にしている平等は「政治的平等」であり、「平等な自由」や「権利の平等」のことである。

もちろん格差や貧困は大問題だから、これを軽視してはならないが、ロールズの第一の目的は、政治分野での平等を定義することであり、ロールズは政治的平等のほうが経済的平等よりも優先すると考えている。

というのも、貧困から抜け出すために、つまり経済的平等を手に入れるために、自分を奴隷として売ることや、投票権などの政治的権利を手放してよいのか、すなわち政治的自由をみずからの意志で捨ててよいのかと聞かれれば、ロールズはノーと答えるからである。

確認すれば、ここでの平等は、金銭的な格差のない状態のことではなく、人間として、権利の面で、人びとはみな同じように扱われなければならない、ということである。

なぜ三〇〇年前の西洋で、このような平等を大切にしなければならなかったのかと言えば、それは宗教が人間の階層性を前提にしているからである。たとえば、ある宗教においては、信者は立派な人間と見なされるが、異教徒は劣等な人間か、または人間以下となってしまう。

もし自分の宗教を信じない他者が人間でないならば、信者はその他者たちを殺していい、ということになりかねない。実際にこういう発想で歴史上、たくさんの血が流されてきた。こういう事態を解決するためには、思想上で「人間は平等」という見方を、人びとの心に植えつけなければならなかった。

だから当時の政治哲学者たちは、人間は生まれながらにして平等であるから、すなわち他人も自分とまったく同じくらい貴重な存在だから、他人のことを自分のことのように大切にしなければならない、と説いたのである。

そして自分にも自由があれば、他人にも自由がある。自由の程度はまったく同じでなければならないから、自由は平等でなければならない。たとえて言えば、私には手を横に伸ばす自由があるが、となりの人にも手を横に伸ばす自由がある。どこかで私の手と相手の手がぶつかるならば、われわれは完全に中間のところで折り合わなければならない。

三〇〇年前の西洋における平等とは、全員がお互いを人間として認め合うことだから、最優先の自由は信教の自由となる。他人を認めるとは、他人の宗教を許容することであり、どの宗教を信じようと、相手を自分と同じ人間と見なすことである。

これは翻って、どの宗教を信じてもよいという、自身にとっての信仰の自由にもなる。人間は生まれながらにして平等であるとともに、宗教にも貴賤や上下がないから、だれがどんな神を信じようと、それはその人の自由であり、他人が干渉してはならない。ロールズの出発点はここにある。これが共有されていないと、ロールズ正義論を誤読してしまう。ただ困るのは、このように（私が考える）ロールズの正しい読み方を推し進めていくと、多くの人が「ではロールズになんの意義があるのか」と疑問に思ってしまうことである。

多くの人が考えるロールズ正義論の偉大な貢献は、福祉国家を正当化したことである。しかし以上の解釈を突き詰めると、その先には福祉国家とは別の社会が現れてくる。私が怖れるのは「ならばロールズを読む価値はない」と切り捨てられることである。

とはいえ、私はいままでのロールズの読み方、つまり「ロールズが経済的平等を正当化した」という考えに疑問を呈したいと思っている。それはロールズの現代的意義を失わせてしまうかもしれないが、私はかえってロールズの歴史的価値を高めると信じている。

現代における格差と貧困は、われわれにとって最重要課題ではあるが、この問題に目を奪われてはならない。というのも、政治的自由と権利という、いま現在はだいたいが達成されているからそれほど気にしなくてよいが、一度失ったら取り返しのつかないものに、改めて思いを馳せるべきだからである。そしてこちらのほうが普遍性のある課題である。

さてここまで、ロールズが最重要課題と考える「平等な自由」について見てきた。そしてわれわれにとって、これが優先されることの違和感についても触れてきた。

ロールズが取り組むのは、過去三〇〇年間、西洋で語られてきた社会契約論を現代に蘇らせることである。始点が三世紀前のヨーロッパだから、現代日本のわれわれから見れば力点の置き方が異なるが、人間の平等性の問題だから、ここには普遍性がある。われわれにとって違和感があるのは、現代において政治的自由がある程度は達成されているため、それを緊急課題として考察する意義が乏しいと感じられるからである。

ロールズにとっての自由の中身は、思想・良心の自由、結社の自由、平等な政治的自由、人格の自由、法の下の権利と自由である。くり返しも含め、ひとつひとつ見ていこう。

思想・良心の自由は「内心の自由」とも言われるが、日本国憲法第一九条には「思想及び良心の自由は、これを侵してはならない」と書かれている。これは信教の自由、学問の自由、表現の自由、言論の自由に発展していくから、人間の自由の根幹である。

これらの自由について日本国憲法には以下のようにある。

第二〇条「信教の自由は、何人に対してもこれを保障する。いかなる宗教団体も、国から特権を受け、又は政治上の権力を行使してはならない。」（一部抜粋）

第二一条「集会、結社及び言論、出版その他一切の表現の自由は、これを保障する。」（一部抜粋）

第二三条「学問の自由は、これを保障する。」

第二一条では結社にも言及されているが、ロールズにとっての「結社の自由」は、集団での表現行為に限定されず、人と人が結びつくすべての営みを含んでいる。

というのも、少し先走りするが、ロールズの正義論を論理的に突き詰めていくと、最終的に家族という制度がないほうがよい、という極端な解釈に行き着くことがある。これは誤読であるが、簡単に述べるならば、「自由と平等」というロールズの理想と現実社会の家族がうまく合致しないからである。家庭の内部にはロールズ正義論が適用できないから、家族制度を廃止しないと自由と平等は浸透しないということである。

しかしロールズはここで「結社の自由」にもとづいて、家族制度を正当化する。すなわち人間はだれとでも自由に結びつくことができる以上、他人または国家権力が家族を解体することはできないということである。

このようにロールズは「結社」を人と人の結びつきという最も広い意味に採っている。英語では「アソシエーション」（association）となっているが、これには「連合、共同、協会、交際、つき合い」という意味がある。だから言論や政治的意見を表明するための集会・団体には限定されない。

平等な政治的自由は、他人との関わり方・つき合い方・結びつき方についてのルールを決める過程に参画する自由のことであり、代表が選挙権である。現代民主主義国においては、とくに若者の低投票率が課題になっているが、ルール決定プロセスに参加できなかった時代のことを考えれば、もったいないとしか言いようがない。日本では、男性の投票権でさえ一〇〇年足らず前に獲得し、女性については第二次世界大戦後にやっと実現した。いまは当たり前でも、そうでなかった過去を学べば、もう少し有難みをわかってもらえるのではないだろうか。

もちろん政治的自由は選挙権に限られない。そこには、選挙に立候補する自由（被選挙権）も、政治的発言をする自由も、議論する自由も、政治的意図を持った集会を開く自由も、政府に不満を言ったり批判したりする自由も、政党を組織する自由も含まれる。

人格の自由は、現代においては「人格権」と言われるが、ロールズは「自分が精神的にも身体的にも、どうありたいか」ということを自分で決める自由と捉えている。通常、人格権というと、その人と切り離せない属性のことで、生命・身体・自由・名誉・肖像を保護する権利のことを指すから定義上は大きな違いはないが、法的には、人格権はたとえばプライバシー権や肖像権の侵害などの根拠に使われるため、実際的な使用法は異なる。

ロールズが挙げる人格の自由には、ほかに移動の自由、職業選択の自由、自分の資産・財産を所有する自由がある。ただロールズは「財産権」を神聖不可侵のものとは考えていない。ロールズは、まず個人の所有物こそが自由の根幹であり、政府を含めた他人は、その人の同意がなければ、それに絶対に手をつけてはならない、とは主張していない。

なぜなら、これを認めてしまうと、個々の市民が受け容れなければ、政府は永久に税金を取ることができなくなってしまうからである。ロールズの基本は平等だから、全員が平等であるためには、なんらかの形で所得の再分配が必要になる。政府による強制的な徴税は、個人の財産権と両立しない。これは次章で詳しく論じよう。

法の下における権利と自由について、日本国憲法には以下のような条文がある。

第一四条「すべて国民は、法の下に平等であって、人種、信条、性別、社会的身分又は門地により、政治的、経済的又は社会的関係において、差別されない。」

法の下の自由には、政府の思いつきで逮捕されない権利や、財産を没収されない権利、犯罪の被告人になった場合の公平でオープンな裁判を受ける権利も含まれる。

ロールズはこれらの自由が人間にとって最も重要であり、経済的繁栄のためにこれらを手放してはいけないと主張する。ロールズにとっての自由は、くり返すが、外部からの制約のない状態という消極的なものではなく、人間の本性が発揮される条件であり、それを手に入れるためにわれわれ自身が努力しなければならない積極的なものである。

ロールズは、単に「制約のない」という意味での自由を想定してはいない。他人がとやかく言わなければそれでよく、あとは個々人が他人に迷惑をかけなければ好きなことをしてよい、ということではない。ロールズは具体的な人間像を提示して、われわれはそれを目指さなければならないとしている。

この主張を最も端的に表しているのが、みずからの自由意志で奴隷となることとの禁止である。人間はどんな利益を得られようとも、自分からこれらの自由を手放してはならず、金銭的見返りがあるからといって、みずからを奴隷として他人に売り渡してはいけない。

このような意味で、ロールズはかなり厳しい人間像を前提にしている。もちろん現代の先進国において、みずからを奴隷として他人に身売りする人はいないであろう。しかし自分の利益になるからという理由で言論の自由を放棄することや投票権を売り渡す人はいるのではないだろうか。

じつはロールズを、従来の福祉国家の正当化という読み方ではなく、社会契約論の精密化と読むことの意義はまさにここにある。本章の冒頭で書いたように、ロールズが自由を優先することに、二一世紀の先進国に住むわれわれは違和感を抱く。なぜなら、すでに前記の自由と権利を勝ち取っているからである。

しかし実際のところは、われわれは獲得したと信じ込んでいるだけで、それを活用しきってはいないのではないだろうか。形式上は言論の自由を獲得したように見えて、われわれは金銭的利益のために、暗黙のうちに言論の自由の一部を捨ててしまっているのではないだろうか。なにかに遠慮して本音が言えない状態は、言論統制の予兆である。

ロールズはこのように利益のために権利を手放してはいけないと考える。この見方を推し進めると、とても精神的に強くて立派な人間が登場してくる。自由にはふたつの側面があって、個人が発揮しなければならない積極的な自由と、政府や他人が侵害してはならない消極的な自由であるが、消極的な自由だけを取り上げるならば、自由になった後には、その個人が自分の意志で色づけすればよいまっさらで空虚な人間だけが残る。

しかしロールズの重視する自由は、個人が外に対して主張すべき自由であり、それは人間が能力を最大限活用するための必要条件である。思想・良心の自由は、第三者的に外から見れば、他人が制約を課してはならないことを意味するが、第一人称的に内から見れば、個人がみずからの頭で考えてしっかり自分の考えを持たなければならないことであり、それは人間が具えている潜在能力をこの社会で具現化することである。

結社の自由は、外から見れば、人はだれとでもつき合うことができてそれを邪魔してはならないことであるが、内から見れば、人と交流することで人間はその能力を自分ひとりでやるよりももっと発展させることができるから、そのために人と結びつく自由を確保しなければならない、ということを述べている。

政治的自由は、他人と関わる以上、関わり方についてのルールが必要であるが、そのルールを決める過程に参加することを他人は妨げてはならないということで、これが参政権についての外からの定義であるが、これを内から見れば、われわれはルールの決定過程に参画できる権利を得た以上、それを積極的に利用して自分と他人が合意できる法律をつくらなければならず、まさにここに人間の才能が用いられる、ということになる。

人格の自由は、外から見れば、人がどこに行くか、どこに住むか、どの学校に行くか、どんな職業に就くかについて、他人はその人の決定を尊重しなければならないということであるが、内から見れば、生活の具体的な場面での決断が「自分はどんな人間であるのか」を形づくるから、その自由は最大限行使しなければならない、ということになる。おそらくロールズは明言していないが、人はなにをしてもよい、とは考えていないはずである。人間として持って生まれた能力を活用する選択をするよう求めているはずである。

以上のように、自由を三人称的な外の視点と、自分という内の視点から比べて、前者を消極的な自由、つまり制約がない状態として、後者を求めるべき目標としての積極的な自由とした。この見方からすると、法の下の権利は消極的な自由の側面が強い。自由を確保するために法律が必要であるが、今度は法律が自由の中身を定義して、それを守らせるようにする。法で規定されている以上、政府も他人もその自由を侵害してはならない、ということになる。

第2節　「正しいこと」を選ぶ能力

このようにロールズは、人間は自由を目指すべきであり、その自由によって人間らしい人生を送るべきだと考える。これを現実の日常生活で具体化しようとすると、それはその人にとってはかなり厳しい条件になるのではないだろうか。というのも、すでに述べたように、われわれは利益のために言論の自由をみずからの意志で緩めてしまうし、やはり利益や、または他人の意見の言いなりになることで、つき合う相手を見捨てたり、今日忙しいからとの言い訳で投票所に行かなかったり、ほかの分野でも、お金を稼ぐために自分のしたいことを諦めたりする。

ロールズは個々具体的な選択について、それを放棄してはいけないとは言っていない。それはあくまでプライベートの領域のことである。そうではなく、そういう選択をする前提として、自由は保障されねばならないと主張している。これはとても強い精神の持ち主を想定しているのではないだろうか。私がロールズは特定の人間観に依拠していると考えているのは、ここに理由がある。そしてもしこれが非現実的だったら、ロールズ理論を根底から揺るがしかねないと心配している。

ロールズは、外からの制約がないだけの空虚な人間像ではなく、ロールズ特有の価値観を想定しているという私の主張を裏づけるもうひとつの根拠は、ロールズが人間の具えている能力にもとづいて議論を進めているところである。それが「理性的」と「合理的」というふたつの、ロールズが言うところの「モラル・パワー」(道徳的能力)である。

すでにお感じのことと思われるが、ロールズは厳しい人間像を提示しており、それは

「損か得か」という打算ではなく、「正しいか」「正しくないか」という普遍的な基準にもとづいている。「人間が自由である」のは正しいのか正しくないのか、「人間は平等に扱われるべき」は正しいのか正しくないのか、「人間は法律の決定過程に参画すべき」は正しいのか正しくないのか、ということである。

それはその個人にとって金銭的に得になるのかならないのかという話ではなく、損得は別にして、そうあるべきなのかそうでないのか、ということである。このような「正しい」ことを見分ける人間の能力が「理性的」ということの意味である。

一方で人が自由を獲得して潜在能力を発揮すると、個々人は異なった考えや発想を持ち、生き方をするようになる。これが全般的な「個性」である。するとなにを欲しいのか、なにが必要か、なにを求めるのか、という個人の好みも変わってくる。このような、その個人にとって価値ある資源を選択する能力が「合理性」である。

人間は日常生活の具体的場面で無数の決断をして、それを実行している。そしてすでにやってしまった行為を反省して、結果をよくするために次の行為を改善しようとする。この思考と行動の循環を「実践理性」と名づけるならば、実践理性のもととなるのが「理性的」な判断と「合理的」な判断である。

これらふたつは対象も基準も別であるが、ふたつがひとつとして人間らしさを築き上げる。人間が人間であるためには、物事を正しく判別する理性と、自分にとって必要なものを把握する合理性の両方がなければならない。

ロールズはだれもが難なく自分の考える正義のルールを採択するとは考えていない。人間がある特別な状況下で、功利主義と正義の二原理を比較する場合、正義の二原理が採用されると述べている。そのため『正義論』では、功利主義の特徴が正義の二原理との対比で記述されているが、そのひとつが功利主義における実践理性、すなわち物事を判断する能力である。

功利主義は「最大多数の最大幸福」と言われるが、この「幸福」は通常「効用」と呼ばれる。これは端的に言えば人びとの満足度のことであるが、さらに突き詰めると「快楽」にその根拠を求めることができる。反射的な「快」の感覚が社会全体で最も大きくなる政策を採用せよ、というのが功利主義の主張であり、これに対して正義の二原理は「正しい」政策を選びなさいと主張する。

そしてロールズは、功利主義が想定する「喜び」「痛み」や欲望を、道徳的な人間が具えるべき美徳とは考えていない。人間以外の動物は「快」と「不快」で行動を決めているが、人間は本来的に道徳的な存在だから、欲望を人間の特徴と見なしてはならず、人間には本性として正しい物事を識別できる能力があるとしている。

ここで「道徳的な人間」と書いたが、それは「道徳的」人間と「不道徳的」人間の二種類がいることを意味してはいない。人間がそもそも道徳的存在だということである。だから人間であれば、だれでも必ず「理性」と「合理性」を具えていることになる。

当然のことに「では犯罪者はどうなのか」という反論が出てこよう。生まれながらに善悪の判断ができない人のことである。このような批判にロールズは長年悩まされてきた。なぜなら、これはロールズの目的ではないからである。ロールズは現代版の社会契約論という意味では、完璧な書物を書いたが、そこから派生するすべての課題に言及することは不可能である。ロールズは「人間とは本来的に、こういう存在だ」という前提のもとに、正しい社会のあり方を語ったのであって、そこから外れた人がどういう理由で堕落したのかは、別の次元で説明されるべきことで、これについてロールズに責任はない。だからここで議論されるべきはロールズの人間観自体であって、揚げ足取りに関わってはならないだろう。

確認すれば、ロールズが想定する人間像生まれながらにして道徳的な存在であって、その道徳的な能力は「理性」と「合理性」であり、理性は正しいことと正しくないことを分ける能力であり、合理性は自分にとって価値のある物事を選び取る能力である。

そしてここに「自由」が戻ってくる。自由は人間がその能力を発揮するための絶対条件であるとくり返し述べてきたが、自由こそが、道徳的能力を適切に育てて使わせるための不可欠な社会的条件である。

ロールズは特定の人間観を想定しているが、それは自由であり、平等であり、理性的であり、合理的である、ということだけである。これらの条件（自由と平等）と能力（理性と合理性）を用いて日常生活を営むわけだが、日常におけるひとつひとつの決断の積み重ねの結果としての当人の人生の特別性、すなわち個性は、人それぞれで大きく異なる。

人びとは自分の人生を生きるために自由でなければならないし、平等に扱われねばならないし、自由と平等が確保されたという前提で、具体的場面で理性と合理性を用いて自分が望むような人生を形づくっていく。充実した人生を実現するために理性と合理性が必要であり、理性と合理性に磨きをかけるのが自由ということになる。

細かく見ていくと、自分にとって価値あるものを見つける合理性を育てるために思想・良心の自由と結社の自由が必要であり、たとえば言論の自由（思想の自由と結社の自由の結合）がなければ、哲学や宗教など、さらにはそれらを含めた多様な道徳論や倫理観を比較検討して吟味することができない。これが個人の価値観を形成していく。哲学や宗教を自由に議論することは、人生の意味を問うことであり、それによって「どんな人生にしたいか」「その人生を実現するために必要な資源はなにか」というその人にとっての価値観、すなわち「善」が明確になる。

そして思想の自由と政治的自由が合わさることで、今度は「正しい社会とはなにか」ということが議論できるようになる。これは「正しさ」を識別する理性を鍛えることになる。政治は全員が納得する解を見つけることだから、単なる「善し悪し」ではなく、「正しさ」を追求する必要がある。だから政治に関与することで理性が発展していく。

道徳や政治的課題について自由に討議し、政府を批判し、公的な政治活動に参加していくことは、社会の正義を考える能力を伸ばし、それにもとづいて行動しなければならないことを教える。だからこそ、これらの自由には特別な保護が不可欠となる。社会の正義について考えるために自由が大切にされるべきなのであるが、こういう自由を守るために社会において正義を実現しなければならない、という循環関係になっている。

人格の自由も、法の下の権利も同様に、「理性」と「合理性」というふたつの道徳的能力を発揮するのに必要である。たとえば人格の自由は、個人的な財産を所有する権利を保障しているが、自由で平等な市民が道徳的人格を伸ばし社会の正義に合致する個人的な価値観を形成するには、能力を育成し発揮させる道具として私的な所有物は守られねばならないし、それは法的に保護されなければならない。

ここまで、自由は人間が能力を発揮するための「条件」であると説明してきた。ここで「これは単なる形式であって、実質的な中身はないではないか」という反論が出てこよう。たしかにロールズは自由を「制度」と捉えており、自由という枠組みを整えた上で、個人はその能力を活用して、それぞれが生きがいのある人生を送るべきだと考えている。

また「平等」という言葉もくり返し用いてきたが、これはあくまでも「平等な自由」のことであって、経済的平等はその後の話になる。そして現代的文脈からすれば、こちらのほうが大事な課題だから、ロールズの主張は空虚に感じられてしまう。

ある人が行使できる自由の範囲と別の人が行使できる自由の範囲はまったく同じでなければならず、どちらかの自由が大きいことによって相手の自由の領域を狭めてはならない、ということである。だからこの段階では、まだ貧富の格差や貧困のような経済的平等の問題は語られていない。ロールズの考える正義のルールはふたつの部分から成り立っており、経済問題はその第二部で語られる。

ロールズは自由は「制度」的な枠組みであって、その後に来るふたつの「中身」は次の段階で議論されるべきであると述べる。ふたつの中身のひとつめは、すでに述べた経済的格差の話であって、中身のもうひとつは人格であり、自分がどういう人でありたいのか、どんな人生にしたいのか、という個人にとって最も大切で実際的な事柄である。

この後者については、われわれひとりひとりが考えることであって、『正義論』が語るべきことではない。というよりも、「自分がどんな人になりたいか」という人間にとってのの究極的な問いについて、外部からなんの制約も受けずに考え実行できる条件を整えることが正義の二原理の役割ということになり、それが『正義論』が目指していることである。

しかし一見矛盾しているようであるが、ロールズは人間が社会生活を営む際に必要不可欠な財を「社会的基本財」と呼んでおり、これは平等に分配されなければならないと考えている。この「社会的基本財」については次節で詳説するが、その根幹は「自由」と「権利」である。しかし、矛盾しているように見えるのは、社会的基本財のなかに所得と富が含まれていることである。

ロールズは、ロールズの視点から自然な流れで論を積み重ねているが、それを理解しようとするわれわれは、その論を再構成する際、ロールズの真意を見誤ってしまう可能性がある。基本財については、とくにそう感じている。

第3節　社会的基本財

くり返すが、ロールズはあくまで自由を最優先する。そして制度的に自由が保障された後に、経済的格差の問題に取り組む。しかし最初の自由の段階で「基本財」の話が出てきて、それが「平等」に分配されねばならないと語られる。

ロールズの挙げる社会的基本財は、自由と権利、パワーと機会、所得と富、「自分を価値ある存在」と見なすための社会的基盤である。ひとつひとつを説明する前に確認すれば、このなかには自由とともに、経済の領域に入る「所得と富」が入っている。ロールズの正義のルールは二部から構成されていて、前半は「自由」に関することであり、後半は「経済的平等」について定めている。つまり経済的平等については、自由が確保された後の二番目の原理において語られることになる。どうしても、ここに読者の解釈が入らざるを得ない。

人間が社会生活を営む際に必要で、基本的な道具である「社会的基本財」の中身であるが、自由と権利についてはすでにだいぶ説明してきた。次の「パワーと機会」だが、前者をあえて「パワー」としたのは、パワー（power）を訳して、たとえば「能力」とすると、パワーという言葉が持っている広範囲の語義をひとつに限定してしまうからである。

パワーはたしかに能力のことであるが、ほかに「権力」「権限」さらには「知力」「体力」「精神力」「才能」という訳語もある。ロールズはこれらすべてを含めて「パワー」という言葉を使っているのではないだろうか。つまり人がその能力を活用して善き人生を送りたいとするならば、そこには自由と権利のほかに、なにかを実現するための能力が必要である。具体的には考えるための知力、物理的な変化を引き起こすための体力、目的をやり遂げる精神力、それを効率的に仕上げる才能も才覚も必要になる。

そしてそれら全般的なパワーがあっても、それを発揮するための機会やチャンスがなければ、それらは役に立たない。だからロールズは「パワーと機会」をセットで基本財に加えている。

次が「所得と富」であるが、長くなるので、先に「自分を価値ある存在」と見なすための社会的基盤について簡単に見ていこう。これはじつは基本財のなかで最も重要なものかもしれない。というのも、もしかしたら自由と権利、パワーと機会、所得と富も、すべてこのためにあるとしても過言ではないからである。

ここで「自分を価値ある存在と見なす」と意訳した原語は「セルフ・リスペクト」(self-respect)や「セルフ・エスティーム」(self-esteem)である。これらは通常「自尊」または「自尊心」と訳されるが、日本語の自尊はたいてい「プライド」の訳語として使われる。私だけの語感かもしれないが、この言葉にはお高くとまって人を見下すような尊大なイメージがある。

しかし英語の文脈では「セルフ・エスティーム」は「自信」のような意味で使われる。生きる喜びを感じられない人がセルフ・エスティームを持ったことで、生き生きと物事に対してポジティブに取り組めるようになった、という話で用いられる言葉である。

だからここでは「自分を価値ある存在と見なすこと」と訳し、ロールズの基本財をその「社会的基盤」と理解することにした。こう考えると、その他の基本財がセルフ・エスティームのための手段になると見なすことができる。自由と権利を有し、パワーと機会が与えられて、他人に見劣りしないほどの所得と富を持っていれば、自信をなくすことなく、自分を価値ある存在と思えるようになるはずである。

「所得と富」に戻るが、確認しておくと、ロールズの正義の原理はふたつの項目から成り立っている。ひとつめの平等な自由と、もうひとつの経済的格差に関することであり、ロールズはくり返し自由が優先し、それが実現してからやっと二番目に行くと述べている。しかしこの「自由」の段階で基本財が登場し、その基本財のなかに「所得と富」が含まれている。これをどう読むべきか。

私はロールズが第一の「自由」の段階で、すでに経済も含めた完全な平等を求めていたと見なしている。これは従来のオーソドックスなロールズ解釈とは異なるものの、私はそう読むほうがロールズの真意に近いと考えている。

そのひとつの根拠が正義の二原理の文面にある。かなりの意訳となるが、引用すると、正義の二原理は、

第一原理　すべての人は、他人と同程度の最も広範囲の基本的自由に関する平等な権利を持つべきである。

第二原理　経済的格差は次の時にのみ許容される。

a　公平な機会の平等が確保されている場合

b　格差がかえって最も恵まれない人にプラスになる場合

第二原理を直訳すると「社会的・経済的不平等は次のように（aとb）調整されるべきである」となるから、たしかに「格差が許容される」というのは訳し過ぎであるが、bの「格差原理」を理解するためには、このように訳すしかないと考えている。というのも、この場合にのみ（恵まれない人にプラスになる場合にのみ）お金持ちが得をしてよい、ということは『正義論』でくり返し議論されているからである。

第二原理には「不平等はアレンジされる」と書かれている。意訳し過ぎないとしても、ここで不平等の存在が容認されていることは間違いない。つまり裏側から読めば、第二原理以前の段階では、不平等が問題化していないことと解釈できる。

この読み方が正しいならば、ロールズは第一原理が実現した段階では、社会的基本財が平等に分配されているから、格差はその後の問題として検討すべきである、と考えたのではないだろうか。なぜなら、自由が完璧に制度化された後に経済的格差が生じてくることをロールズ自身が認めているからである。

第一原理が目指しているのは、自由の制度化である。そして一度その条件が整うと、後は個人が自由にその能力を活用して、好みの人生を設計していく。自由という公的領域の話が終われば、次は私的な領域に入るが、そこには、民間の取引を認めるならば市場的条件も、文化活動に制約を課さないのであれば流行や人気などの世相的な条件も入ってくる。するとその文脈で評価される人と、そうでない人が現れてきて、その結果は当然のこと、個々人の所得に反映される。

自由という制度を整えた後に経済的格差が生じるのは、自由の必然的な帰結であろう。しかしそれをそのまま見過ごしていたら、それは次の段階での「自由の格差」に行き着く。だから自由の格差を生じさせないために、経済的格差に取り組まなければならないのだが、それが第二原理の役割となる。

この数段落で説明してきたことは、私のロールズ解釈であり、それは「ロールズは第一原理の段階で完全な平等を目指していた」という趣旨である。従来のオーソドックスな解釈は、第一原理は自由と権利という「政治領域」の話に限定され、第二原理で「経済領域」の課題に取り組んでいる、というものである。

私が「第一原理で政治領域だけでなく、経済領域でも平等が達成されている」と考える第一の理由は、正義の二原理それ自体の文面にある。それがこれまでの数段落で説明してきた見解である。私がもうひとつの根拠としているのが、政治的影響力の問題である。

ロールズは「政治的自由」をとても大切にしており、これが第一原理の中核をなしていることは、くり返し述べてきた。政治的自由とは、投票する権利、立候補して当選すれば政治家として活躍できる権利、政治集会を開いて意見交換する権利、自分ひとりであっても積極的に公の場で政治的見解を発言する権利などである。

しかし現実的には、政治的影響力に格差がある。政治家の家系に生まれた人、すでになんらかの理由で知名度がある人、メディアを操作できる人である。これらの大部分に金銭が絡んでおり、お金と権力は表裏一体である。

お金持ちは政治家と接点があり、メディアを支配することもできる。すでに述べたメカニズム（自由な活動によって必然的に生じる貧富の格差）で政治的自由が経済的格差をもたらすわけであるが、経済的格差が今度は翻って政治的影響力という側面での自由と権利の格差を生み出してしまう。

ということは、権利の格差を是正するためには、第一原理の段階で経済的格差に取り組んでおかなければならない。だからロールズは政治的影響力の不平等という課題を考慮して、この時点で社会的基本財に言及していたと想像できる。

この見方が正しいとした上で正義の二原理の文章に戻ると、第一原理で政治だけでなく経済面でも平等が達成されたから、第二原理で「経済的不平等がアレンジされる」または意訳すれば「不平等が許容される」と書いたのではないだろうか。

私はこの解釈に固執したいが、それは第一原理を政治、第二原理を経済と明確に分けてしまうことで、お金と権力、富と政治的影響力との関係が隠されてしまうと考えるからである。ロールズはこの危険性を鋭敏に感じ取っており、第一原理の段階でその課題に対処しているというのが正しい読み方であると思われる。それほどロールズは、経済的格差が政治的影響力の格差を生み出すことを心配していたのである。

ロールズが基本的自由のなかでも、とくに平等な政治的自由に関心を持っていることは、別の観点からも説明できる。ロールズは基本的自由のなかに表現の自由を含めているが、世間のすべての言論を野放しにしてよいとは考えていない。

ロールズは政治的発言に関しては、かなり広範囲の自由を認めている。たとえばヘイトスピーチそれ自体は禁止されるべきだと考えていただろうが、ヘイトスピーチと見なせるからという理由だけで、類似の言論をすべて排除してよいと主張していたわけではない。

これはロールズが直接的に言及しているわけではないが、アメリカの法哲学で使われる出来事として、ユダヤ人居住区でホロコースト（第二次世界大戦時のユダヤ人大量虐殺）があったことを否定するデモ行進が行われる際、地域を管轄する市当局はそれを禁止できるかどうかに関する判例がある。ロールズ門下のリベラル学者は、感情的には認められないだろうが、原理原則からデモ行進を認めなければならないとしている。

しかし一方で、ロールズは誇大広告の商業的な表現に関しては、政府や自治体は禁止できると考えている。われわれの感覚からすれば、前者は禁止されるべきで、後者は容認されるべきであろう。というのも、前者はユダヤ人の心情を著しく傷つけるが、後者は商品の質を決めるのは消費者であって、当局に取り締まる権限はないと思われるからである。

ロールズはわれわれの常識とは正反対に、政治的意見はほとんどいかなる場合でも規制されてはならず、商業的表現には行政が介入してもよいと主張する。それほどロールズは政治的自由、とくに政治的な言論の自由を神聖なものと見なしており、一方で経済分野、とくに商業については優先順位として劣るだけでなく、これを取り締まることでかえって社会的無駄を省けると考えている。

これは後の章でも触れることであり、この章でも述べてきたことであるが、ロールズにとっての自由は公的分野、または政治領域の話である。しかし通常、世間で言われる自由は経済分野、とくに個人の所有権に関することである。ここでは「私の持ち物」と「他人の持ち物」とのあいだに明確な線引きがなされ、私が他人の持ち物を、その人の同意なく処分できないように、他人は私の持ち物を、私の同意なく処分することはできない。

この所有権は、政治領域では所得と課税に関して問題化する。われわれは通常、労働の対価として受け取る所得は「私の物」であり、私だけにそれを利用する権利が与えられると見なしている。これは絶対的であり、ここに自由の核心があると普通は考えられている。

一方で政治的自由は、前出のヘイトスピーチのように、「自由な言論」と「規制されるべき言論」との境界はあいまいで、政府や自治体などの当局はケースバイケースで介入できるとされている。

しかしロールズはこのような常識を覆すかのように、政治的自由こそ完璧に守られるべきであって、所有権のような経済的自由のほうが境界はあいまいだとしている。なぜかと言えば、ロールズにとって個人の労働で創り出された成果は、その個人だけの働きによって生み出されたものではなく、社会的な協働作業の結果としてもたらされたものだからである。

人間はひとりで生きていけるわけではなく、他人と関わらなければならない。これは仕方なく交わるというネガティブな意味ではなく、むしろ他人と接することで人間が人間らしく生きられるし、かつ人間がその本性を自覚して、その能力（理性と合理性）を活かすことができる。

人間は根源的に社会的動物であり、個人があって社会があるのではなく、社会があって個人がある。だからロールズの出発点に「秩序ある社会」がある。『正義論』が最も重要視するのは、秩序ある社会を築くことであり、これこそが究極的な目標であって、そのために自由や権利や平等が制度化されなければならない。

だが「秩序」という言葉を誤解してはならない。秩序は圧政の下でも成し遂げられるが、ロールズが目指すのは、人間がその本性にもとづいて最大限に能力を発揮した上での秩序ある社会である。だから秩序ある社会が最終目標ではあるが、それは自由を絶対的な必要条件とする秩序である。

このように見ていくと、ロールズは自由を「勝手気まま」とは見なしていないことがよくわかる。自由はロールズにとって「人間がそうあるべき姿」である。個人が自由でありながら、社会として秩序を保っていなければならない。そのための要件を書きつづったのが『正義論』という本である。

ということは、個人が自由であることとは、好き勝手なことをして社会の調和を乱すことではない。人間が本来的な能力（理性と合理性）を開拓して発展させるために自由が必要であり、そのような自由な活動を通じて社会を安定させるためにはどのような前提が整備されるべきなのか、ということを探究するのがロールズの目的である。

だから個人が行使する自由の進んでいく方向と、社会がシステム転覆の危険性を抑え込んで（合意による）秩序を維持する方向とは、別のものではなく、同じところを目指している。ロールズの想定する社会は、末端のざわつきを上から押さえつけて個人の行動を規制して統制を取ろうとするものではない。社会はそのメンバー全員の同意にもとづいて、個人の自由な活動によって、自然に秩序が出来上がるものである。

社会があって個人があり、個人の働きは他人との関わり合いを通じて具体的な成果として現れてくる。だから「個人の稼ぎ」は純粋にその人に属するのではなく、部分的には社会に属する。ここが従来のロールズ批判が見誤った点である。

ロールズが「リベラル」であることは、だれもが認めることである。しかし従来の「リベラル」は現実の政治、とくにアメリカ政治におけるリベラルである。これは言葉では「個人の自由」を重視する立場であるが、個人の自由を「制約のないこと」と定義する点では、じつは保守もリベラルも違いはない。どちらも右で述べた意味での個人の所有権を出発点として、これこそを自由の本質としている。

ロールズは財産を処分する権利を「基本的自由」には入れていない。ロールズの考える基本的自由は、思想・良心の自由、人と結びつく自由、政治的自由（ルール決定過程に参加する権利）、人格の自由（自分のあり方を決める権利）、法の下の権利と自由のことであるが、これらはいずれも精神に関することや、人間関係についてのことである。人と結びつくことが前提であり、法律のような社会のルールがあることが前提であり、人と交わることで人格が形成されることが前提になっている。「他人に関与させず」という従来の自由の定義とは大きく異なっている。

自由を「他人の干渉がないこと」と見なす点では保守とリベラルは同じであると述べたが、保守にもリベラルにも前提としてあるのは、まず個人の（制約がないという意味での）自由な活動によってその人個人の財産が創られてそこに所有権が発生する、ということである。保守とリベラルの違いはこの後から現れてくる。

保守にとって所有権は絶対的だから、本人の同意なく、それに手をつけてはならない。リベラルは、このまま放置して政府がなにもしなければ貧富の格差が広がってしまうから、政府はお金持ちから税金を取って、それを福祉という形で貧しい人たちに再分配すべきであると主張する。

ロールズはそもそもの前提から、この議論を覆す。ロールズにとって、所有権は基本的自由には入らないから、「本人の同意なく、個人の財産を取り上げてはならない」という保守の発想もなければ、意外に聞こえるかもしれないが、リベラルの「貧富の格差を是正するために、本人の同意がなくても、政府は個人の所有物（の一部）を没収できる」という考え方にも賛同しない。

このことは次章でさらに詳しく議論しなければならないが、ロールズの理論のなかには、お金持ちが嫌々ながら税金を差し出して、それが政府を通じて貧しい人たちに配られるというシステムは存在していない。

というのも、仮に正義の二原理をそのままの形で現実において具体化するとなれば、そこには「不承不承、税金を巻き上げられる」という場面は登場し得ないからである。なぜなら、最初の正義の二原理を採択する段階で、極端に貧しい人が生じてこないような制度を、社会のメンバー全員の合意によって決めているからである。

後でこの問題には立ち戻るが、ここで簡単に説明すれば、たしかに正義の二原理を採用すれば、現実的な政治制度としては、所得の再分配のようなシステムが導入されることになる。しかしこれは、国家権力が暴力の脅威をふりかざして、お金持ちから強制的に徴税するというものではない。

だからと言って、お金持ちが心の底から喜んで、積極的に「これで貧しい人たちを救ってください」と言って、自分のお金を政府に差し出すわけでもない。全員が完璧に平等な立場で、公平に決めた原理をただ守っているだけである。そこには「税金を取られる」という不満も、「助けてあげたい」という情緒的な善意もない。単に「決めたことに従う」というドライで冷静な判断に則って粛々とルールを遂行しているだけである。

ロールズの独自性は、このように中心概念である「自由」が保守とリベラルに関係なく、現実の政治用語と異なっていることである。だからこそ、かえって「ロールズには現実を変える力がない」という妙な幻滅感が広がることにもなる。だが現実の虜になって、目の前の課題ばかりに対処することだけが偉人の仕事ではない。

というよりも、むしろ現実とはまったくの別次元から、ひとつの完成された体系を築いていくことこそが、本当の偉業ではないだろうか。古典とはそういうものであり、そうであるからこそ、時代を超越した価値があって、特定の時と場所にとらわれないからこそ、慣例に流されない斬新な視点を持つことができるようになる。

第2章　機会の平等と格差

第1節 「平等」の意味

ロールズの正義の二原理はふたつの項目から成り立っている。一番目は平等な自由であり、中身は思想・良心の自由、人と結びつく自由、平等な政治的自由、人格の自由、法の下の権利と自由である。そしてこれらを実現するための資源として、社会的基本財があり、これもこの第一段階で平等に分配されなければならないとされている。社会的基本財の中身は自由と権利、パワーと機会、所得と富、「自分を価値ある存在」と見なすための社会的基盤である。

この段階では、自由と権利という意味で、社会のメンバー全員は完全に平等である。たとえて言えば、最初に社会に入る際、人間であればだれでも入り口で社会的基本財を手渡されて、「これで自分の好きな人生を設計しなさい」と送り出されるようなものである。

この時点で自由と権利が保障されていることは確認されているが、パワー（能力や才覚）と機会、所得と富、そして「自分を価値ある存在」と見なすための社会的基盤については、これらを平等に分配することはかなり困難であろう。

しかし仮にこれらが社会の入り口において完全に平等に配られたとしても、社会に入ってからの自由な活動において差が生じてくることは防ぎようがない。社会的基本財は個々人それぞれの人生の目標を達成するための資源であり、道具であって、つまり手段に過ぎないから、そこから先の結果については、だれもそれを調整することはできない。

社会的基本財のすべてが議論を呼ぶ、むずかしい項目である。パワーと機会を完全に平等にできるのか、所得と富を平等に分配するとはいかなることか、「自分を価値ある存在」と見なすための社会的基盤と言われても、個々人の主観的意識を操作することは不可能ではないのか。

知力や体力には、生まれながらの個人差がある。これを調整することはかなりの資源を必要とする。機会を平等にするとは、たとえば教育程度を完全に同じにしなければならないということなのか。もしそうなら、教育に相当な投資が必要になるが、国家予算にその余裕があるのか。

所得と富をどう定義するのかも問題である。次章でまた触れるが、ロールズは「富」を金銭だけに限ってはいない。しかし仮にここでは、所得と富をお金や資産と捉えるとしても、これらを完全に平等にするには共産主義を実現する以外に方法はないから、非現実的と考えてよい。

「自分を価値ある存在」と見なすための社会的基盤は、すでに述べたように、個々人で感じ方の異なる主観的な想いを客観的な手段で操作しようとする点で、初めから無理がある。

ただこれがとても大事であることは、言うまでもない。人間は自分に存在価値があると信じるから、その能力を発揮して、人生の目標を成し遂げようと努力することができる。反対に「自分を価値ある存在」と見なすことができなくなると、やる気を失って、果ては生きる気力までなくしてしまう。

だからロールズは、社会的基本財のなかで「自分を価値ある存在」と見なすための社会的基盤が最も重要なものであると示唆している。おそらく、自由と権利、パワーと機会、所得と富は、すべて「自分を価値ある存在」と見なすための社会的基盤の手段である、と考えてもよいのではないだろうか。

しかしロールズのユニークなところは、「自分を価値ある存在」と見なすための社会的基盤の手段として、経済的要因ではなく、政治的要因を重視していることである。普通に考えると、「自分を価値ある存在」と見なすために必要なものは、充分な所得と、将来を心配せずに生きられる程度の資産を保有していることである、と考えられるであろう。

ところがロールズは、所得や富を平等にするよりは、政治的自由を平等にするほうが、セルフ・エスティーム（「自分を価値ある存在」と見なすこと）は高まると考えている。収入面で他人と差がないことよりも、自由と権利の面で他人と同じであるほうが社会的地位において平等だという自信を得られる、ということである。それなりにお金のある人と見られることよりも、平等な市民として認知されることのほうが大事であり、平等な政治的自由こそが、平等な市民と扱ってもらえる前提条件である。

ロールズにとっては、お金を持っていることよりも、みんなと同じ影響力を有する投票権を得ていることのほうに意義がある。そのほうが金銭面よりも、市民として、すなわち立派な社会のメンバーとして見なされることになるからである。こういうところからも、ロールズが経済よりも政治を優先していることがうかがえる。

このように見ていくと、社会的基本財を社会の入り口で、完全に平等に配ることのむずかしさがわかる。だからわれわれはここで「ある程度」という保留をつけてかまわないであろう。人間であれば、だれでも「ある程度」の社会的基本財を持つ権利がある、という意味に解するのである。

自由と権利は正義の第一原理で保障されているから、これは完全に平等でなければならないが、パワーと機会、所得と富、「自分を価値ある存在」と見なすための社会的基盤は、それなりに同程度であればよいことにする。これがこれからの人生をスタートさせる出発点である。

パワーを平等にすることと所得を平等にすることはとても困難であり、ひとつひとつが議論の対象になる。簡単に考察すると、パワーを平等にするためには、公教育で能力の均質化を目指さなければならない。所得を平等か、その近くにするためには、やはり職業訓練を含め、公教育において稼ぐ能力を均質化することと、働く意欲を植えつけるために、家庭を含めた学校以外での社会教育も必要になる。これらを細かく議論していくと、ロールズが理想とする社会の具体像が見えてくるが、これは正義の二原理を説明した後の課題となる。

仮にここで社会的基本財が平等に分配されたとしよう。これから、あなたの人生がスタートする。あとは好きなように人生を設計し、生きがいを見つけて、それを実現することができる。こういう前提は整ったものの、その結果についても平等だろうか。

すでに前章で触れたように、経済的に人と関わる場合、そこにモノとカネの取引が発生する。これを自由に行おうとすると、そこに市場が現れてくる。市場はある意味では、商品に対する人気投票だから、人びとが欲しがる品物を作ることができれば、報酬は大きくなり、人びとが要らない製品しか出すことができなければ、稼ぎは少なくなる。

また、仮にみんなが同じ才能を持っていたとしても、それをどう使うかも、個人の自由である。数学がとても得意な人がいるとして、それを株価の変動を分析するために活用するならば、お金持ちになるだろうし、同じくらい優れた数学の才能を具えているとしても、それを歴史的な数学の難問を解くために用いるとすれば、名誉にはなっても金銭をもたらすことはないであろう。

このように、才能が同じでも使い方によって所得に差が出てくるし、または同じ所得であっても、それを資産運用に回して将来への準備とする人がいれば、その日暮らしのように、たくさん浪費してその場での人生を楽しむ人もいる。これで老後に貧富の格差が生じるが、われわれはこれをとがめることはできない。個人の自由だからである。

このような金銭的格差は、個人の自由な選択によってもたらされたものだから、そのまま放置すべきなのだろうか。それとも、これが次の段階の自由と権利の格差を生み出すから、格差是正に乗り出さなければならないのだろうか。

このようにスタートラインでの平等を認めてもらったとしても、さすがにスタートして以降の差を縮めることには、反対の人が多いのではないだろうか。そこまでやってあげたのだから、あとは個人の責任ではないか、ということである。ある程度の道具を与えてあげて、自由に選択する権利までつけ加えて、そしてその結果として所得と富が少ないからといっても、これ以上は助けてあげられないのではないか。

ロールズはそれでも平等を志す。だがこれは正義の二原理の第一段階とは異なる。ロールズは自由と権利については、神聖不可侵として絶対的な平等を求める。しかし正義の二原理の第二段階に来ると、今度は話題が政治から経済に移る。経済の領域については、ロールズは格差をもう少し緩やかに捉えている。

すでに見たように、正義の二原理の二番目は、経済的不平等についてのことである。第二原理は「経済的不平等は以下のような場合に調整される」意訳すれば「経済的不平等は次のような場合に許容される」と述べる。その「場合」はふたつあり、a公平な機会の平等が実現した場合と、b経済的不平等によって、かえって最も恵まれない人にプラスになる場合である。

ロールズはここで経済的不平等があることを認める。aについては、公平な機会の平等の結果として経済的不平等が発生するとしても、それは許されるということであり、bについては、貧富の格差は悪ではあるが、もしそれが恵まれない人の役に立つならば、その場合にだけ受け容れられるということである。

格差はないほうがよいに決まっている。というのも、前章で考察したように、金銭的格差が政治的自由の格差を生み出すからである。ここでもロールズは自由と権利を優先する。しかしそれでも、格差があることによって貧しい人が救われるならば、その範囲で格差は正義の原理として合意される、ということである。

このように議論が集中するのが第二原理bの「格差原理」であるが、ロールズはそれよりも「公平な機会の平等」のほうが優先すると考える。順位としては、自由が先で、次に公平な機会の平等が来て、最後が格差原理となる。

第2節　公平な機会の平等

そこでまず公平な機会の平等について見ていくが、じつのところ「機会の平等」を定義することはとてもむずかしい。最低限の要件として、本人が望む社会的・政治的役職へのアクセスは制限されてはならない、ということになるだろう。その地位は資格を有する者にならず、だれにでも開かれていなければならず、性別、人種、民族、宗教などで差別されてはならない、ということである。

歴史的に見ると、機会の平等は世襲制への反対に始まる。数百年前のヨーロッパでは、特定の役職は、特定の家系に生まれた人か、爵位を持った人にしか与えられなかった。しかし貴族の御曹司が、その職に必要とされる資格・能力を具えているかどうかは不明である。そうかもしれないし、そうでないかもしれない。

一方でその地位に必要とされる資格を有しているにもかかわらず、平民に生まれたというだけで抜擢されないのは、明らかに間違っている。だからこそ能力さえあれば、だれでもその役に就けるという「機会の平等」を社会的に保障しなければならなくなった。それは「経済的浪費」というよりも、人間社会のあり方として「正しくない」からである。正義論の文脈で語るならば、効率的かどうかではなく、正しいか誤っているか、という視点で見なければならない。平民に生まれた人の自由と権利が侵害されるからである。

しかし機会の平等は過去において、いつも正義の問題として議論されてきたわけではなく、むしろ効率性のほうに重きが置かれていた。たとえば自由主義経済学の元祖であるアダム・スミスは経済性という面から、能力のある者なら、だれにでも役職は開放されていなければならないと主張した。生産性を高めるためには、だれがその地位に就くかは、スキルのみで決められるべき、ということである。

アダム・スミスが生きた一八世紀には、この思想は斬新だった。当時の著名な思想家（エドマンド・バークなど）のなかには、土地所有者こそ政治家にふさわしいと主張する人もいた。当時は身分で役割が振り分けられており、とくに政治など公的な職業には、上層階級出身者だけにしかチャンスは与えられなかった。

現代のように、機会の平等が制度化されたように見える社会でも、完璧に実現することはむずかしい。というのも、教育や仕事において機会の平等を実現すること、つまり学校に入る時、または企業に勤める際、性別や人種で差別できないことを法律で規定しても、それだけでは充分ではないからである。試験官や人事担当者が無意識のうちに、特定のグループを排除しているかもしれないから、機会の平等を達成するためには、慣習や思考様式をも変えなければならない。

これについて自由主義経済学者は、それほど心配することはないと考えている。というのも企業の場合、採用者が無意識のうちに、資格はあるけれども特定の集団に属しているという理由だけで能力のある人を落とし、そして同じことを続けたら、会社の生産性が下がって業界から弾き出されるからである。結果として、才能のみで採用する企業が生き残ることで、市場の働きによって機会の平等が実現する、ということになる。

しかし市場に参加するすべての企業が特定のグループを除外し続けたら、このような淘汰の力は作用しない。ということで、法的に女性や（アメリカの場合なら）アフリカ系の採用を義務づけなければならなくなる。だがこの場合、採用枠は個々人の能力に関係なく「割合」として指定しなければならない。受け容れる人数のうち、たとえば三〇パーセント以上を女性にする、という具合である。

問題は、完璧に能力のみで一〇〇人を入社させた場合、資格を点数化できるとして、得点の一から一〇〇までを順番に並べて、そのうち必ず三〇人以上が女性であると証明できるのかどうか、ということである。

これはアメリカで起こる事例だが、大学があるパーセンテージ以上アフリカ系を採らなければならない「アファーマティブ・アクション」と呼ばれる制度がある。たとえばある大学のある学部の定員が一〇〇人として、アフリカ系の枠を三〇以上にするとしよう。

ここで、完全にテストの点数だけで判断した場合、合格した一〇〇人中、アフリカ系は二〇人だったとしよう。残りの合格者の全員が白人だったと仮定すると、この制度によって、下から一〇人の白人は不合格となり、元々の一〇〇には入らなかったアフリカ系の次の一〇人（アフリカ系だけの順位で二一から三〇までの人）が合格となる。

最初の一〇〇人に入っていたが、アファーマティブ・アクションのため不合格となった白人は不服として裁判に訴える。われわれはこの事態をどのように捉えるべきだろうか。

アファーマティブ・アクションが採り入れられたのは、アフリカ系に教育のチャンスが与えられてこなかったから、それを強制的に是正しようとするためであった。教育のチャンスは大学というよりは、むしろ初等教育課程からである。小学校に行けないか、通っていたとしても学校が荒廃していてまともに勉強できなかった場合や、小中学校の義務教育は受けたもののそれ以降は働かなければならなかった場合である。必ずしも全員というわけではないが、平均的に見ると、大学進学者とそうでない人では、生涯賃金は大きく差がつく。

さらに問題なのは、教育程度が世襲されてしまうことである。大学卒業者の子どもは大学に進学する確率が高くなる。これにはいくつか理由があるが、大学出の親の所得が高いため子どもの教育費を捻出できることもあるだろうし、自分が大学に行ったため、親が子どもの教育に熱心になるということもあるだろう。

このような連鎖が人種間での所得格差を生み出すならば、それは機会の平等に反する。学校や企業での採用者にまったく差別意識がなくて、真の意味で能力だけで判断するとしても、自然に白人が多くなっていくのは、幼少のころからの人生におけるチャンスが人種で大きく異なるからである。だから無理やり大学における枠でアフリカ系を増やせば、それは次の世代でのアフリカ系進学率を高めることになるだろう。この点では、アファーマティブ・アクションに意義はあると思われる。

しかしこれをいくら続けても、これは「形式的な」機会の平等に過ぎない。ロールズが「フェアな」（公平な）機会の平等を主張するのは、実質的な意味での機会の平等を実現するためである。ロールズの言う公平な機会の平等は、個々の現場での差別や、役職をだれにでも開放することだけにとどまらない。ロールズが取り組むのは、社会的に不利な位置に追い込まれた人たちを救うことである。

お金持ちやミドルクラスが、貧しい人たちよりも充分な学習の機会を得られて、その教育程度にふさわしい職に就けることは、だれにも否定できない事実である。そしてその有利な社会的地位は特権として固定化して、次の世代に受け継がれていく。ロールズの公平な機会の平等は、このような社会階層の違いを是正することを目的としたラディカルな発想である。

同じ能力や技量を具えた人には同じチャンスが与えられなければならないし、同程度の天性と意欲を持った人には、生まれた階層や人種に関係なく同程度の成功の見通しがなければならないが、ロールズは「同じ能力や技量」「同程度の天性と意欲」に着目する。この出発の時点で機会が平等でなければ、その後に来るチャンスが同じであることに意味はない。その場に置かれることによって、かえって格差が広がってしまうからである。

そこでロールズが目指すのが「資産と富が過剰に蓄積されるのを防止すること」と「すべての人に平等な教育の機会を提供すること」である。前者が家庭ごとの財産の過度な差を問題にしているのに対して、後者は公教育を整備することを指している。

出発時点での公平な機会の平等のためには、家同士の大きな貧富の格差を是正しておかなければならないし、すべての子どもたちが同じくらい優れた教育を受けられるためには、公的な任務として、レベルの高い学校を用意しておかなければならない、ということである。

ロールズは正義の二原理の二番目のａの段階で、大規模な富の再分配を主張しているわけではないから、ここではどうしてもロールズの意図を読み切れないあいまいさが残ってしまう。『正義論』全体では、ロールズは貧富の格差を重要な課題とはしているが、公平な機会の平等だけに限定するならば、このなかに大規模な是正策を入れることはむずかしい。ここでは論理的には矛盾しているものの、ロールズの熱意として「生まれた家の財産の違いで、公平な機会の平等が実現できない」という見解を述べているだけとして、教育面だけを議論しよう。

同じ才能があるという前提で、貧しい人も、豊かな人も、同じ教育の機会を得られなければならないし、両者は同じ条件で競争できなければならないが、公平な機会の平等はそれらが達成されることを社会的な義務としている。「社会的な義務」とは、社会的基本構造のレベルで、公平な機会の平等を制度化しておくということである。これは根源的な状況で（これについては次章で扱う）合意された事柄だから、社会のメンバー全員にはそれを守る義務がある。

これの具体的な形態だが、それは公的資金（税金）で教育を賄うことである。ただロールズは学校のあり方としては、それが公立であるべきなのか、私立でもいいのかは明言していない。想像するに、ロールズはそこにはこだわっていないようである。すると、税金で賄った上で、教育内容に関して（緩い）規制があることのみが必要条件ならば、教育機関の形態については、公立でも私立でもかまわないから、たとえばバウチャー制度（学区を越えて、どの学校でも選べる制度）も許容されることになるであろう。

とはいえ、この読み方が正しいならば、ロールズ理論内に矛盾が現れてしまう。なぜなら、バウチャー制度が批判されているのは、学校同士で過剰な競争が起こることで、通った教育機関によって学力に差が出てしまうからである。加えて、競争が激しくなると、偏差値の高い学校に入るのがむずかしくなり、塾や予備校など、入学試験の準備段階で家の所得が影響してしまう。

しかしロールズが取り組んでいる課題が哲学であることを、いま一度ここで確認しなければならない。ロールズは強靭な頭脳で、現代版の社会契約論の構築に取り組んでいる。そのなかの枝葉の部分、とくに本人には直接的な関心のない瑣末な具体論で矛盾が生じたとしても、それをもってわれわれはロールズ理論が破たんしていると断じてはならない。むしろロールズ理論を具体化するのがわれわれの任務であって、その制度の詳細を設計する際、われわれが調整をすればよいのであり、この問題でロールズを責めることは建設的でない。

家の所得に関係なく、同じ才能の人には同じ教育機会と同じ競争条件を与えなければばならない、というのが公平な機会の平等の意味だが、しかし家の所得に違いがあれば、才能にも違いが生じてしまうのではないだろうか。想像するに、ロールズは正義の二原理の一番目で、ある程度の平等が確保されていることを前提に、このように主張しているような気がする。平等な自由と権利が保障され、ある程度均等に社会的基本財が分配されていれば、家の所得に違いはあっても才能に大きな差はないと考えたのではないか。

すでに述べているように、ロールズは、社会のメンバーは（次章で考察する）「オリジナル・ポジション」という根源的な状況でほかになんの選択肢のないところからじかに正義の二原理を発見したのではなく、効率主義との比較で、正義の二原理を選ぶとしている。だから公平な機会の平等についても、ロールズは功利主義との違いを強調する。

これはすでに見たことだが、功利主義、または自由主義経済学は、効率性という面から機会の平等を支持する。しかしこれは、差別すると生産性が低くなるから、特定の集団を排除することで収益が下がった企業は市場から淘汰される、という形で説明された。

ロールズは「効率性」「生産性」という打算的な判断からの機会の平等を認めない。なぜならロールズにとって機会の平等は、個人の自由と権利についてのことであって、正しい正しくないという正義の問題だからである。

とくに重要なのは、公平な機会の平等が与えられることで、人びとのセルフ・エスティーム（「自分を価値ある存在」と見なすこと）が高まることである。差別されれば、自分を「価値ある存在」と見なせなくなるのは当然のことであるように、公平に機会が提供されれば、その人は自分を価値ある存在と見なせるようになる。だから公平な機会の平等は「自分を価値ある存在」と見なすための社会的基盤に加えられる。

性別（女性）、人種（アフリカ系）、宗教（イスラム教徒）という理由で差別され、男性、白人、キリスト教徒と同じ機会が与えられないと、それは前者の人たちの、自由で平等な市民としての尊厳を傷つけることになる。さらに、公平な機会の平等を得られないことは、自分の技能を駆使して到達する自己実現の場を奪われたことと同じである。自己実現こそ人生の目標だから、その機会がないことは人格を否定されたことに等しい。

背景にはロールズ特有の価値観がある。ロールズは人間を、持って生まれた才能を駆使して、みずからに磨きをかけていく存在だと捉えている。そして天性を伸ばしていくために、人間は自由と権利を有していなければならない、ということが、ロールズが「平等な自由」を理論の根幹に据えている本質的な理由である。

これに公平な機会の平等が加えられるが、それは貧富の差に関係なく、同じ才能の人には才能を発揮させるための同じ場を提供することで人間の技量が高まっていくからである。ロールズは、能力を開拓、発展、活用することは、人間の望ましい姿であり、それを人間にとっての「善」と捉えている。そしてこれを推進するのが公平な機会の平等である。

ロールズの正義の原理はふたつから成り立つが、実際は第二原理に二項目あるので、全部で三要件になる。「平等な自由」「公平な機会の平等」「格差原理」であり、これらはその順番で優先する。「平等な自由」と「公平な機会の平等」の両方が同時には実現できない時は、前者のほうが重視され、「公平な機会の平等」と「格差原理」が両立しない場合は、前者が優先される、ということである。

格差原理については後で検討するが、簡単に述べると、恵まれない人の役に立つならば格差は許容される、ということである。「公平な機会の平等」が「格差原理」よりも優先されるということは、「格差原理」の段階で貧富の差が著しく広がらないように、「公平な機会の平等」の段階で所得、富、その他の資産の不平等を是正しておくことを意味する。

すると、ここで「機会の平等」と「結果の平等」という長年の難問に直面する。ロールズは「機会」つまり出発点での平等のみを説いているから、スタートして以降の得点すなわち「結果」については是正が必要とは言っていない。

ならば、むしろ「公平な機会の平等」の段階で広がった格差を、第二原理bで是正するという解釈になるのではないだろうか。じつのところ、ロールズに限らず、「機会の平等」はとてもむずかしい概念である。言葉では「スタートラインを同じにしてからゲームを始めないと不公平」とは言うものの、これを人生に置き換えると、どこまで同じにするべきなのかということが大問題になる。

貧しい家の子とお金持ちの家の子が同じ教育を受けることがまず不可能である。一切の生徒間、学校間の競争をなくせば理想に近づくかもしれないが、成績をつけることをやめると、生徒の学ぶ意欲が弱まるだろう。また、仮に小学校以降については、全生徒に同程度に目の行き届いた教育を受けさせることができるとしても、小学校までの活動で、その後の成績に違いが出てくるとするならば、幼稚園・保育園の時点から公教育を充実させなければならない。

問題は、そんな資金は国にないということであるが、それ以上に、各家庭の教育方針に政府が介入することになり、それは個人の自由を侵害することになりかねない。というのも、その子にどういう人生を送らせたいかは親だけに与えられた特権であり、親は子に対して、学業とは別のことを教えることができる。

ただ一方で、学校の成績がよくて、高等教育まで行くほうが、平均的には生涯所得が高くなることを考慮すれば、親の方針によって子どもの将来の収入が決まることになり、これはその子にとっては不条理なことになりかねないから、そこに政府が介入する余地はあるかもしれない。

しかしやはり親の教育方針にまで国が口を出し始めたら、家族という制度の存在意義さえもが問われかねない。これが、前章で、ロールズ正義論を推し進めた場合、家族制度を否定せざるを得なくなる、と述べた理由である。ロールズは、家族を否定して、そこに国家が入っていくことは、人と結びつく自由を侵害することであるとして、家族制度を擁護するが、しかし家族内の自由と公平な機会の平等とのあいだに矛盾があるのも、たしかなことである。

このように従来の「機会の平等」という通念からロールズを解釈しようとすると、解決不能な矛盾に行き着く。だから私はロールズの真意を解釈によって探り出したい。私の読み方は一見、強引に思われるかもしれないが、こういう考察を積み重ねていくと、かえってこの理解のほうがロールズの意図に近くなるような気がする。

要するにロールズの「公平な機会の平等」は、できるだけ「結果」が同じになるように、教育段階から能力を開拓し発展させられるようにすることだと解釈すべきである。これについてはロールズも同意することであるが、通常の機会の平等は、同じ能力のある人には同等のチャンスが与えられなければならない、ということである。ロールズの「公平な機会の平等」と従来の「機会の平等」との違いは、「同じ能力」のところにある。

普通の「機会の平等」は、個々人で能力に差があることを前提として認めている。もちろんロールズも「まったく同じ」とまでは述べていないものの、能力を同等にする努力も「公平な機会の平等」のうちに含めている。

従来の「機会の平等」は、たとえば人びとのスキルを五段階に分けるとして、A段階の人であるならば、性別・人種・宗教に関係なく同じチャンスが与えられなければならない、と主張する。スキルにAからEまでの差があること自体は、機会の平等が取り組むべき課題ではない。それをすでにあるものとして受け容れた上での話である。

ロールズはこのような「形式的」機会の平等を含んでいるものの、それを超える「公平な」機会の平等を訴えている。仮に人生における他人との競争を「ゲーム」と呼ぶならば、形式的な機会の平等は、ゲームに参加する要件について、男女差別、民族差別をしてはならない、ということだけを述べている。ロールズは、ゲームに参加する以前の能力格差の是正に取り組まないと「公平な」機会の平等にはならないと考えている。

これを具体的な政策としてどう実現するかということは、ロールズの範囲を超えており、われわれが引き継ぐべき課題である。しかし以上の考察がロールズの真意に近づいているならば、「公平な機会の平等」は能力を育成することをも含んでいると解釈しなければならない。

第3節　格差原理

そうすると「公平な機会の平等」と「格差原理」との関係も明確になる。やはり「公平な機会の平等」には格差是正効果があるが、それでも恵まれない人が現れてしまうならば、今度は正義の二原理の第二原理bで、格差を創り出すことによってかえって恵まれない人びとが助けられるならば、その場合にのみ格差が許される、ということになる。

格差原理が「最も恵まれない人の益になるならば、貧富の格差は認められる」を意味することには、ほとんど見解の相違はない。というのも、ロールズの基本は平等であり、経済成長して社会全体の富が増えていく段階で、富が均等に人びとの手に届くことを前提にしているからである。

しかし経済がさらに成長していった時、すでにくり返し述べているように、個人がみずからの能力を自由に使うことによって稼げる金額に違いが生じてくる。経済がもっと成長していけば、格差はより広がっていくだろう。

ロールズは明言しているわけではないが、これをよいことだとは思っていないだろう。ロールズはリベラリズム（自由主義）を主張しているが、経済的自由主義には批判的である。稼ぎは個人の自由の結果だから、だれもそれに手をつけてはならない、という古典的経済学の考え方を否定している。

ロールズはあくまで「自由」と「権利」を最優先課題としており、金銭的な貧富の格差は自由と権利の格差につながるので、自由と権利を平等にするために金銭的な格差を是正せよと考えている。

しかしそれでも共産主義は自由と権利を保障する政治体制ではないので、これを採用することはできず、ならば、自由と権利の平等を保障する範囲内で、金銭的格差が生じることを許容しなければならない。なぜなら、完全な経済的平等を実現するためには個人の自由と権利に介入しなければならず、それはロールズの根幹と矛盾するからである。

ここはバランスの問題で、一〇〇パーセント個人の自由と権利を保障しつつ一〇〇パーセント金銭的な平等を達成することは、現実的にも論理的にもあり得ない。だから個人の自由と権利を保障するならば、それに付随する貧富の格差をも受け容れなければならない。

このように格差を生み出す経済的取引を長期間くり返していくと、勝ち組と負け組が明確に分けられていく。ここで問題になるのが「格差」を縮めるべきなのか、「貧困」に取り組むべきなのか、という選択である。

想像するところ、ロールズは正義の二原理のうち、第一原理と第二原理のaのなかに格差是正策を含めているのではないだろうか。だから第二原理bでは格差を縮めるのではなく、貧困対策に移ったのではないか。

「最も恵まれない人の益になるならば、格差は容認される」は格差是正ではなく、格差によって貧困者を救うことと解釈すべきであろう。貧しい人が助けられるならば、お金持ちはもっと稼いでよい、という意味である。

これは単純な事実であり、人はたくさん稼げるとわかっている時のほうが働く意欲を持つことができる、ということである。お金持ちがもっと働いて、社会の富が増えることで、それを貧困対策として使うことができるならば、その格差は認められる。

ロールズの正義の二原理は社会の基本構造に適用されるため、前段落のように「働く意欲を持つことができる」とは言うものの、お金持ちが意識して「貧しい人のために働こう」と義務感にかられる必要はない。

人びとは普通に日常生活を営めばよい。格差原理を含め、正義の二原理は「制度」に関することであって、個人が守るべきルールではない。格差原理を制度化しておけば、法が自動調整機能を果たして格差が是正されていく。

このことについては第3章と第4章で扱うことになるが、「社会の基本構造」は、まだ社会がない状態で、これからどういう社会にするのか、メンバー全員が根源的な状況に立ち返って考える中身である（第3章）。段階で言えば、「功利主義」と「正義の二原理」というふたつの原理原則を比較検討して、それで社会の基本構造が確立され、その上に国家形態を取り決める「憲法」が来て、その上に現実社会に適用される「法律」が来る（第4章）。

「社会の基本構造」は、社会的協力を可能にし生産的にするための政治・社会・経済制度のことである。これ自体は憲法や法律のように明文化されるわけではないが、社会のメンバー全員の合意として、具体的な制度に反映されている。

個々人は正義の二原理を日常的に意識して、それを自分の行動を規制するルールとして守る義務は負わないが、政治体制や経済システムが正義の二原理にかなっているかいないかを判断して、現実の制度が正義の二原理に反している場合は、選挙などで制度を是正しなければならない。

ただし第4章で検討するように、格差原理に相当する部分は憲法以前の段階で合意されるものの、憲法には直接は反映されない。格差原理が現実社会に適用されるのは、さらに上の段階の法律においてである。もしオリジナル・ポジションという根源的状況において格差原理が採用されたならば、それは市場メカニズム、所有権、契約、相続、徴税などの経済慣行や法制度を規制するであろう。その意味では、個人として守る義務はないが、制度として整えられている以上、個々人の生活に大きく影響する。

社会の基本構造は、政治面では右記のように憲法の基礎になる。根源的な暗黙の合意が基本構造であるとすると、それにもとづいて人権や議会・政府・裁判のあり方を明文化したものが憲法であり、憲法の範囲内で議会が国民の同意なしに決められるのが法律である。

社会の基本構造は経済制度をも規定するが、これが格差原理に直接的に影響する。所有権は、自分の財産・資産に対する権利・権限・義務を定める。取引については、製品や資源の生産・移転・分配の仕方に制限を課している。

ここで注目したいのは、すでに述べたが、ロールズが「平等な自由」と所有権とでは、前者のほうを優先していることである。自由主義経済学者は、自由を財産・資産を自分の意志で保有し処分する権利と捉えている。所有権こそが自由の基礎の基礎だということである。一方、ロールズは自由を人間が能力を発揮するための条件と見なしており、所有権を自由には含めていない。さらに財産・資産は社会的協力によって生み出されたものであるから、個人には排他的な（他人を排除できる）権利はないと考えている。

すると、ここからはロールズが具体的には説明していないので想像するしかないが、格差原理が社会の基本構造に入っていることによって、以上の所有権や取引権にも、特別な意味が与えられるだろう。財産が社会のもの、みんなのものでないことはたしかであるが（共産主義になってしまうから）、完璧に個人の所有物というわけでもない。

市場取引についてロールズは、財やサービスの交換に関しては市場によって価格をつける方式を支持しているが、所得と富の分配がすべて市場の結果になる、いわゆる「市場原理主義」には反対している。自由主義経済学者は、人びとが自由に生産し、その財とサービスを市場で自由に交換することが資源の最適な分配に至るから、すべての取引を市場に任せるべきであると考える。ロールズは、財の流通という目的だけに関して市場価格を用いることと、あらゆる私有財産の分配と富の蓄積についてすべて市場で決めることとは別であると述べている。

まさに格差原理のポイントは、財の市場取引の結果として生み出された所得と富をどう適切に分けるかについてである。市場とは異なる政治的基準を提供していることである。人が財を生産し、それを市場において売る。売り手と買い手が無数に交流する市場メカニズムの集積として、成功者にはたくさんのお金が、そうでもない人には少ないお金が残る。ロールズはこれをよしとはせずに、市場取引の結果として創られた富を、別の基準で分配しなければならないと考える。

だから、すでに述べたように、ロールズは効率性に反対する。効率性の原理によれば、市場取引の結果として現れた富の分配状況は正しいことになる。これは富の偏在、つまり著しい貧富の格差があっても正しいということである。それは自由意志にもとづいて取引を行った市場メカニズムの正当な成果だからである。

もちろんロールズは、それを正しいこととは見なさない。自由と権利の格差をもたらすからである。格差原理は、功利主義よりも、最も恵まれない人に多くの所得、富、経済的権限が与えられるような制度を求める。市場よりも正義、経済よりも政治が優先することがここからもうかがえる。

いままで散発的に経済システムについて言及してきたが、ここで改めて整理することで、ロールズがどの位置にいるかを確認しよう。財の取引について、最も重要な自由を所有権として、財を自分の意志にもとづき市場において交換した結果については、他人も政府も手をつけてはならない、というのが一方の極にあり、反対の極には、すべてを政府の計画で決めるやり方が来る。

所有権を重視する極にあるのが「リバタリアニズム」(自由至上主義)と呼ばれる学派である。これは経済学と政治哲学とでは、少しニュアンスが異なる。経済学では効率性が重視され、市場取引こそ財の最適な分配をもたらすと豪語する。政治哲学では、政府による介入を「不正義」と捉え、国家はできるだけ小さいほうがよいと主張する。

次が古典的な経済自由主義である。これがリバタリアニズムと違うのは、リバタリアニズムのほうが教条的で、政府による所得の再分配を認めない一方、古典的自由主義はある程度の政府の介入を認めていることである。少なくとも、市場取引がベストな方法だと言っても、市場取引をフェアなものにするためには法整備が必要である。加えて、極端に貧しい人がいること自体が効率的でない、または著しく恵まれない人を救うほうがかえって社会の効率性が高まる、という考え方もある。だからその程度の政府援助は必要と考えるのが、この学派の立場である。

次がなじみ深い「福祉国家」である。これが現代の先進国の姿である。本書では今後、ほとんどの場合「福祉国家」とだけ表記するが、本当の意味は「福祉国家資本主義」であり「資本主義的福祉国家」である（これらふたつの違いは強調点のみで、現実形態に相違はない）。

これは資本主義経済が前提としてあり、そこで行われる自由な市場取引の結果として貧富の格差が生じたら、政府が社会保障を提供する制度である。現代の先進国はバリエーションがあるものの、すべてこのなかに入っている。たとえば国民負担率という数字がある。国民所得に占める税と保険料の割合のことで、この数字が高ければ福祉が充実しており、低ければ充実していないことを示している。G7で一番少ないのがアメリカで、大きいのがフランス、中間に日本、カナダ、イギリス、ドイツ、イタリアが来る。

本書が取り組んでいるのは、第一にわかりやすい正義論だが、ロールズの別の読み方を提供することも目的としている。そのひとつが「ロールズを、福祉国家を正当化した人」

という従来の解釈を変えることである。じつはこれがそれほどむずかしくないのは、ロールズ自身が『正義論』の改訂版の前書きで明言しているからである。ロールズが目指している社会体制は福祉国家ではなく、その次に来る「財産所有制民主主義」か、さらにその次に来る「市場社会主義」である。そしてロールズは、どちらにするかは、その国の伝統と慣習によると述べている。

「財産所有制民主主義」と直訳するしかなかったこの制度は、生産手段を働く者が所有している制度である。これはロールズが、資本主義をどう定義していたかを見ないと理解しがたい。一般には、資本主義は市場経済と同じものと思われているが、ロールズは厳密に資本主義を「資本や生産手段が私的に所有されている制度」と捉えている。

資本は設備投資費などの生産手段を買う資金のことであり、生産手段は工場や機械など設備それ自体のことである。これが私的所有であれば、設備を持っている人（資本家）と、それに使われる人（労働者）という格差が生じてしまう。さらに資本を私有財産として自由に市場で取引させると、周知の事実のように、普通の製品と異なり取引ごとに常軌を逸した値段に跳ね上がっていく。これが富の偏在をもたらし、修正不可能なほどの貧富の格差を生み出してしまう。

だからロールズが求めているのは、生産手段を労働者自身が所有する制度である。ただこれが現実的にどういう形態になるのかまでは、ロールズは語っていない。くり返し擁護してきたように、これはロールズの仕事ではない。ロールズは哲学の分野で、原理原則を提示している。われわれがこのレベルでロールズに賛同するならば、これ以降はわれわれが引き継ぐべきである。だからここで議論すべきは、「財産所有制民主主義の意味が不明」や「この制度は非現実的」ということではなく、それが「正しい」のかどうかということであり、正しいならばそれをどう実現するのか、ということでなければならない。

これについては『正義論』のなかにほとんどヒントがないので想像するしかないが、おそらく財産所有制民主主義は政府の政策として、社員を企業の所有者にする制度ではないだろうか。生産後の製品の取引については市場メカニズムを用いることになり、物の値段は通常どおり需要と供給で決まることになるだろう。

それをさらに推し進めると「市場社会主義」になる。こうなると経済分野における政府の介入はもっと強まり、国営企業が増えることで、資本と生産手段を政府が所有することになる。同様に、具体案についてロールズはなにも語っていないが、想像するに、民間企業はあるかもしれないが、生産手段は政府が保有し、政府が設備を民間企業にリースして生産を任せることになるであろう。そして国営・民間にかかわらず、すべての企業が生産した財とサービスについては市場において取引されることになるから、やはり価格は需要と供給の均衡点で定められることになる。この点での効率性は残されている。

最後がすべてを国有化して、すべてを政府が計画し、さらに言えば、すべての私有財産を廃止し、すべてを公共の管轄下に置く「共産主義」である。もちろんロールズは、自由と権利を侵害するから、共産主義には反対である。

このように見ていくと、ロールズが目指す経済制度は、格差原理を具現化するものというよりは、正義の二原理全体を表現するものと言えるのではないだろうか。というのも、ロールズが正当化したのが福祉国家ではなく、財産所有制民主主義か、市場社会主義であるということは、ロールズが「所有」にこだわっていることを示している。とくに資本と生産手段が権力の源泉であることを考慮すれば、財産を広く分かち合えるようにすることが、全員の自由と権利を保障することになるであろう。

格差原理に限定してみると、ロールズは市場取引を認めることで、経済成長を促している。しかし生産性が高まり全体的に富が増えていく過程で、最も恵まれた人と、最も恵まれない人の所得はどう変わっていくだろうか。途上国の経済発展から想像するに、始点からある程度までは、経済成長の恩恵は各層に満遍なく広がるだろう。だから、最も恵まれた人と最も恵まれない人の両者が同等に得をすることになる。しかしある時点から、富が偏り始めて、両者ともに所得が増えるものの、恵まれた人の増え方のほうが恵まれない人の増え方よりも大きくなっていくだろう。さらにこのレベルを超えると、恵まれない人の所得は増えないのに、恵まれた人の所得だけが増えるかもしれない。

始点から両者の増え方が同じであるところまでを第一段階、恵まれた人の増え方のほうが大きいが、それでも恵まれない人の所得も増えているところまでを第二段階、恵まれている人の所得は増えているのに、恵まれていない人の伸びが止まるか所得が下がるところを第三段階としよう。格差原理は第二段階までは許容して、第三段階に入るところで、それ以上の格差を禁止する。

いままで格差原理の対象を所得と富としてきたが、それはロールズ自身が金銭を基準に「恵まれた人」と「恵まれない人」を分けてきたからであるが、しかしロールズとしては、正義の二原理全体によって均等に分配されるべきものは「社会的基本財」であって、所得と富に限られるわけではない。

だから厳密に語るならば、恵まれない人とは、社会的基本財の少ない人であって、自由と権利、パワーと機会、所得と富、「自分を価値ある存在」と見なすための社会的基盤のすべてが不足している人である。実際のところは、このほうが実情に近いだろう。というのも、自由と権利、パワーと機会が揃っているのに、所得と富だけが少ない人はあまりいないだろうし、反対にお金持ちであれば、それに付随してパワーや機会もたくさん持ち合わせているだろう。

ただし、自由と権利は正義の二原理の第一原理で、パワーと機会は第二原理aで、それぞれ達成されているはずであるため、格差原理では所得と富に議論が集中している。しかしもうすでにお感じのように、自由と権利、パワーと機会、所得と富、「自分を価値ある存在」と見なすための社会的基盤は相互依存であり、これら四セットが一緒で意味があり、というより、最初の三つが満足されることでセルフ・エスティームが高まるから、すべてをひとつの基本財と捉えるべきであろう。

このように考えていくと、ロールズが支持する「財産所有制民主主義」と資本主義を前提とした「福祉国家」の違いがさらに明快になる。福祉国家が金銭的格差の是正のみに集中するのに対して、財産所有制民主主義は社会的基本財の公平な分配を目的にしている。

それが顕著に示されるのが、生産手段の所有や労働条件について、働く側に支配権を与えているところである。福祉国家は資本主義を前提にして、その制度の下で生じた格差を政府の再分配政策によって修正するものであるが、財産所有制民主主義では、働く者が資本・生産手段を所有することになっている。

資本主義下では、企業の所有者である資本家が「使う」側であり、労働者は「使われる」側になる。これでは所得と富だけでなく、自由と権利、パワーと機会、「自分を価値ある存在」と見なすための社会的基盤まで、資本家にコントロールされている状態である。ここでは使う側と使われる側は明確に区別されて、使う側は資本・生産手段・設備を所有しているだけでなく、すべての経済的決定を下す。使われる側はこれを決定する過程に参画することはできず、それに無条件に従うか（これが雇用される際の要件になる）、不服な場合には、その決定を覆す権限はないため、その企業を去るという選択肢しか与えられない。

対して財産所有制民主主義では、働く側がみずからの判断で労働条件や生産についての決定を下すことができるため、労働者の経済的パワー（権力、権限、影響力）や「自分を価値ある存在」と見なすための社会的基盤は、資本主義下よりも大きい。このように財産所有制民主主義のほうが、福祉国家よりも、人びとに分配される社会的基本財はずっと多い。もしかしたら、金銭だけで考えれば、資本主義的福祉国家のほうが所得と富は大きくなるかもしれないが、社会的基本財をトータルで見れば、財産所有制民主主義のほうが正義の二原理を体現している。

このように「ロールズは資本主義的福祉国家の擁護者」という通念が間違っていることがわかる。実際、ロールズは資本家階級に過剰な経済的・政治的パワーを与えてしまい、それが「平等な自由」（第一原理）と「公平な機会の平等」（第二原理ａ）に反しているという理由から、資本主義を拒否している。

福祉国家はその過剰な「パワー格差」を小手先で微調整しているだけだから、ロールズが受け容れるはずがない。「格差を修正する」という精神はロールズ的だが、その前提自体が正義にかなっていない以上、ロールズは福祉国家を正当化することはできない。

加えて資本主義は富と権力が偏在しており、それによって資本家が労働者を搾取しているため、恵まれない人の得にならないどころか、恵まれない人から利益を吸い上げている。これは格差原理（第二原理ｂ）にも違反しているため、資本主義は正義の二原理を構成する三項目すべてに反している。

とはいえ、ロールズは市場取引のすべてを否定しているわけではなく、むしろ労働力、土地、資本などの生産要因を適切に配分するためには市場が必要だと述べている。市場を用いるほうが、職業選択の自由、人と結びつく自由が保障されるからである。

ロールズはここで市場取引されるものに労働力を含めているが、労働市場の存在で、かえって不必要に給与が高騰するとか、または反対に賃金が安く買い叩かれる可能性については言及していない。これも瑣末なことでロールズの揚げ足を取ることになりそうであるが、ロールズ理論を推し進めていくと、ロールズ以上に市場メカニズムの範囲は限定しておくべきかもしれない。

というのも、プロスポーツのトレードと同じように、大企業は最高経営責任者クラスをトレードしているが、移籍するたびに彼らの報酬は上がっていく。反対に、特定の業種で人が余ると、それに携わる人たちの収入は市場の働きによって下がっていく。

ここまでおつき合いいただいた方は「ロールズは意外に社会主義者？」と思われたのではないだろうか。私は、これはロールズの問題ではなく、われわれの問題だと思っている。というのも、ロールズの「平等な自由」という理念は、それほどめずらしくも奇異でもないからである。ロールズが従事しているのが哲学だということを再確認しよう。哲学とは「徹底的に論理的に突き詰める」ことである。平等な自由を矛盾なく展開していくと、必然的に正義の二原理に行き着く。

論理的に突き詰めると、「自由とはなにか」を明らかにしなければならない。そしてそれを「平等に」分配するとどうなるのかについても、徹底的に考え抜かなければならない。われわれはどこかで妥協して、自由・自由と言いつつ金銭の誘惑に負け、平等・平等と叫びつつ本当に気の毒な人の境遇を見て見ぬふりをする。

しかし自由の意味を究極まで吟味して、それを差別なく全員に行き渡らせるためにはどういう制度が必要なのかを考えると、財産所有制民主主義を含むロールズ的社会制度が出来上がる。

第4節　格差原理の位置づけ

すでに正義の第一原理でも、第二原理aでも、ロールズは批判されてきたが、格差原理が最も多くの集中砲火を浴びてきた。ここまで第一原理と第二原理aにおいて、所得と富を含む社会的基本財が平等に分配されていると述べてきた。しかしそれでも恵まれない人がいる場合に、富を増やすために格差が許される「格差原理」が第二原理bに控えている、と説明してきた。このように考えると、第一原理と第二原理aで平等が達成されたから格差原理は不必要ではないか、という議論も出てこよう。

この批判によると、「平等な自由」（第一原理）と「公平な機会の平等」（第二原理a）を成就するためには金銭的に平等にしておかなければならないから、格差原理はなくていいことになる。たしかにロールズも認めるように、所得と富が、第一原理に含まれる自由（思想・良心の自由、人と結びつく自由、平等な政治的自由、人格の自由［なりたい自分を選ぶ自由］、法の下の権利と自由）をゆがめる危険性がある。

くり返し述べてきたことだが、裕福な人や有名人は世論を操作する、とまでは言い過ぎであるとしても、世論をリードすることができる。これは言論の自由に差があることを示している。名声にはお金がつきまとい富には威信が伴うので、富豪とセレブを合わせて「お金持ち」とすると、お金持ちは交際の範囲も広いから人と結びつく自由において有利であり、政治的影響力も大きいから政治的自由も不平等で、お金持ちのほうが「どんな人になりたいか」という選択幅が圧倒的に大きい。法律が完璧に執行されていれば、貧富・貴賤に関係なく法の下の平等は保障されるかもしれないが、現実的にはお金持ちが優秀な弁護士を雇えることを考慮すれば、法の下の権利と自由も完全には平等とは言えない。

このように富と自由は不可分だから、「平等な自由」と「公平な機会の平等」を実現するためには、金銭的な平等も確保しておかなければならない。ということは、正義の二原理の第二原理aまでで、自由と権利だけでなく所得と富でも平等が達成されていると考えなければならない。だから第二原理bの格差原理はなくてもよい、ということになる。

これについてロールズは、たとえば政治的自由を確保するためには完全な金銭的平等は不可欠ではない、と述べている。いままでの説明では、第一原理と第二原理aまでで、社会的基本財は平等に分配されるべきであり、社会的基本財のなかに所得と富が含まれているとしてきたが、ロールズは、とくに政治的自由については、金銭的平等は要件ではないとする。だからまだこの時点では、金銭的不平等が存在することになる。

もちろんロールズは富が政治的自由を侵食することを心得ており、そのための対策を提示している。政治的自由の平等を確保するために、金銭的な平等を求めるのではなく、たとえばお金持ちが政党を組織した場合、その政党のアジェンダばかりが宣伝されるのを防ぐために政党助成金を提唱している。お金さえあれば、いくらでもメディアを通じて、または自力の広報部隊を駆使して、その主張を広めることができる。一方で、お金のない人は、政治的にいくらまっとうなことを言っても、媒体が利用できないために、その声は消されてしまう。

　このような事態にならないように、政党に公的資金を交付することで、すべての政治組織が平等な立場で、その理念と政策を世間に伝えることができるようにする。こういう措置を講じておくならば、政治的自由のために所得の再分配をしておく必要はない。

　このように考えていくと、第一原理と第二原理aまでの「平等」の意味があいまいであることがわかる。また弁護になるが、これはロールズの問題ではなく、ロールズが取り組んでいる課題が複雑であることを示している。

　ロールズの第一目標は、論理的につじつまの合った現代版・社会契約論を築き上げることである。だから『正義論』は基本的に哲学史を相手に議論している。過去の哲学者の思想を整理して、現代の新しい学問的成果でそれに磨きをかける。ロールズは正義の二原理を提唱しているが、功利主義と対照させてそれが功利主義よりも優れていることを証明しようとしている。比較される功利主義も、現実の政治理念というよりは、特定の哲学者が提示した学問的な思想であり、正義の二原理が勝ることを示すための道具も最新の経済理論を活用している。

　同時に、ロールズの語るのが政治哲学である以上、現実への目配りも忘れてはいない。

ロールズは実際的な課題をも理解しているから、原理がそのままの形で具体化されるとは考えておらず、そこには必ずすき間が生じることをわかっている。だからいくら平等と言っても、完全に金銭的な平等が実現するとは思っていない。

おそらく、われわれにとってロールズがあいまいに感じられるのは、ロールズのなかで理論と実践が行ったり来たりしているからではないだろうか。一〇〇パーセント現実社会に適用することが目的ならば、それは哲学書ではなくなるし、一〇〇パーセント哲学の枠内で議論していたら、「政治」哲学を語る意味はない。われわれ読者にはわからないところでロールズが抽象と具象を交錯させていることが、論理的な矛盾として誤解される原因であろう。それはロールズの学問的欠陥ではなく、ロールズが現実をも考慮に入れているという、この偉大な思想家の良識として受け取るべきであろう。

こう考えるならば、ロールズは、第二原理ａまでで社会的基本財を平等に分配することを政策目標にするとしても、現実的には金銭的平等が成就されないことを認めている、と解釈できよう。それでもロールズとしては、政治的自由は平等でなければならないから、政党助成金のような形で、政治的影響力に差が出ないような措置を講じている。

そしてこれを含め、全般的に社会的基本財の平等的分配を第二原理ａまでで完全に達成することは不可能だから、補助装置として格差原理を第二原理bに入れたと考えるのが妥当ではないか。

政治「哲学」のむずかしさは、学問的整合性と現実的適合性とのバランスである。ロールズはこのジレンマをよく理解しているからこそ、念には念を入れた格差是正策を正義の二原理に、簡潔に入れ込んだと考えるべきであろう。

この解釈が正しいならば、格差原理は補助装置に過ぎず、前の第一原理と第二原理aと切り離しては語れないことになる。これをわきまえておかないと、次のような揚げ足取りに反論することができない。

ここにふたつの社会があり、それぞれにふたつの社会のルールが提示されたとしよう。両方の社会で、恵まれた人と恵まれない人の年間所得について、ふたつのパターンが示され、社会のメンバーがどちらかに決めなければならないとする。

ひとつめの社会の選択肢Ａでは、恵まれた人の年間所得が一〇〇〇万円で、恵まれない人の年間所得が一〇〇万円になる。選択肢Ｂでは、恵まれた人の所得が三〇〇万円で、恵まれない人の所得が二〇〇万円になる。格差原理を文字どおりに適用すると、この社会では、選択肢Ｂが採用される。これは恵まれた人に過度な犠牲を強いることになるし、社会全体としても、富の総量が大きく削られる。格差原理はこのような愚かな結論を導くから間違っているというのが批判者の言い分である。

もうひとつの社会でも、ふたつの選択肢が与えられる。選択肢Aでは、恵まれた人の所得は一一〇万円で、恵まれない人の所得は一〇〇万円である。選択肢Bでは、恵まれた人の所得は一億円で、恵まれない人の所得は一一〇万円である。格差原理は「恵まれない人の利益になるならば、格差は許される」と述べるから、選択肢Bが採択される。ここでも同様に批判者によると、馬鹿げたほどの貧富の格差（一億と一一〇万）を容認するから、格差原理は誤りであることになる。

これに対するロールズの反論は明確である。格差原理は第一原理と第二原理aを前提にした上で社会制度に適用されるから、いきなり抽象的で極端な事例を出されても回答しようがない、ということになる。直前で説明したように、ロールズは理論と実践を行ったり来たりしており、加えて第一原理と第二原理のaとbは不可分であり、一体として考えなければならない。

くり返すが、ロールズ理論が複雑なのはロールズの欠陥ではなく、ロールズの良識を示すものである。ロールズは哲学史と格闘しているが、空想の世界だけに生きているわけではなく、経験的思考をも持ち合わせている。論理的統一性のある社会像を描きながら、それが現実に適用されるとどうなるのか、ということにも配慮している。

ロールズがこのような揚げ足取りに答えようがないのは、このような事態に格差原理が適用されることがない、と最初からわかっているからである。なぜなら、格差原理は第一原理「平等な自由」と第二原理a「公平な機会の平等」が実現した後に、補助として採用されるからである。現実社会において第一原理と第二原理aが適用されていれば、前記のような極端な事例は起こりようがない。だからここに格差原理が持ち出されることもない。ひとつめの社会では、第一原理と第二原理aが導入されていれば、選択肢Aのような著しい貧富の格差は起こりようがないし、また選択肢Bほど、全体的に所得が底辺のほうに押し下げられることもない。もう少し上のところで所得は均等に分配される。

もうひとつの社会では、選択肢Aは全体的にあまりにも所得が低過ぎるが、第一原理と第二原理aによって、恵まれた人も恵まれない人も、平均的にもっと高い所得をもらっているはずである。そして選択肢Bのような異常な格差もあり得ない。これは資本家が限度を超えて富をためこんでいる状態だから、それは平等な自由にも公平な機会の平等にも反するため、格差原理の以前の段階で大幅に是正されているはずである。

このように第一原理と第二原理のａとｂは一体で不可分であるが、改めて公平な機会の平等と格差原理の連関を見てみたい。というのも、大方の予想に反して、ロールズの考えるところによれば、公平な機会の平等こそが、格差原理が広げることになる格差を事前に縮めているし、公平な機会の平等こそが、貧しい人が受け取る所得と富の水準を引き上げているし、公平な機会の平等こそが、資本の集中を防ぎ、労働条件や生産計画への労働者の支配権を大きくするからである。

「形式的」機会の平等は通常、スタートの時点で同じチャンスを与えてあげれば、後の結果については、だれもそれを修正してはならない、と理解されている。この見解をそのままロールズに当てはめると、第二原理ａで広がった格差が、第二原理ｂによって是正されると解釈される。しかし「公平な機会の平等」そのものに格差是正機能がある、というのがロールズの正しい読み方であろう。

公平な機会の平等がどのように金銭的な不平等を是正しているかについてであるが、再び前出のような極端な例で考察しよう。選択肢Ａでは、恵まれた人の年間所得が一億円で、恵まれない人の所得が四〇〇万円だとしよう。選択肢Ｂでは、恵まれた人の所得が一〇億円で、恵まれない人の所得が四五〇万円だとしよう。格差原理を文字どおりに適用すると、選択肢Bが採用される。

しかしBのような異常な貧富の格差をロールズが許容するはずがない。こういう極端な事例でロールズを批判する人は、くり返し述べているように、格差原理をほかの二項目から切り離して、それだけで議論しようとしているからである。

ロールズからすれば、Bで一〇億円稼いだ人は、その人が得ている才覚・技能・人脈を乱用し、自分の業界で独占的支配力を行使している。公平な機会の平等が保障されている社会ならば、生まれた社会的地位に関係なく全員に公平な教育の機会が与えられているため、適切な教育を受けて充分なスキルを具えた市民同士のオープンな競争が可能になり、それによって著しい所得格差は起こり得ず、比較的恵まれた人と比較的恵まれていない人との「パワー格差」も最小限に抑えられる。

ここが古典的自由主義者とロールズとの大きな違いである。自由主義者から見れば、前段落の「才覚・技能・人脈」はその個人の所有物であり、それをその人がどのように活用しようが、他人が口出しできる話ではない。その人に固有の資質である才覚・技能・人脈を使ってお金を稼いだら、その稼ぎについても、その人に固有の所有物と見なされる。だから税金を取ることは、その人が自由に使える所有物を強制的に奪うことだから、自由主義者からすると、徴税は倫理的に間違っている。

ロールズはこの見解自体に疑義を呈する。というのも、人間は本来、自由と権利において平等でなければならないが、平等な自由が確実に制度化されているならば、そもそもの最初から、これほどの能力格差は起こり得ようがないからである。

だからロールズが主張したいことは、才覚・技能・人脈が個人の所有物かどうかということではなく、そういう格差を生み出すこと自体が社会制度が正義に反していることの証明だ、ということである。それゆえにロールズの本当の意図は、お金持ちから税金を巻き上げることではなく、スタートの時点で、これほどのパワー格差が起こらないような制度を整えておくことである。その意味では、ロールズの目的は、所得の再分配を正当化することではなく、所得の再分配の必要がないくらい全員に同等のチャンスが与えられる社会を築くことである。

公平な機会の平等が貧しい人たちの地位を引き上げることについても、古典的自由主義とロールズを対比することで説明しよう。古典的自由主義は「形式的」機会の平等を支持するが、それはくり返し述べているように、実質的な平等を求めるのではなく、スタート時点で同じところから競争を始めさせる、という程度のことである。

ただ「スタートの時点」をどこにするかは、たいへんむずかしい問題である。とはいえ、古典的自由主義のような放任的立場で、スタートを「大学卒業時」として、そこまでの教育について国で面倒を見るということは考えにくい。せいぜい義務教育の終わりまでを政府が保障して、後はそこまでに培った才覚を活かして自分でがんばりなさい、ということになるであろう。だから日本で言うなら、スタートラインは中学卒業時と想定される。

ロールズは「公平な」機会の平等を主張している。公平とは実質的な意味であり、この場合の機会の平等は一生を通じて適用される。というのも、時代が変化して前の時代のスキルが通用しなくなった時、その失業者の職業訓練は国の責務になるからである。また健康状態が人びとの機会と成果を左右することは言うまでもない。したがってロールズは医療保険制度をも機会の平等に含めている。

充実した公教育と国民皆保険は、貧しい人たちを直接ターゲットにしたものではないが、ふたつの制度によってスキルが高くて健康な人材をたくさん輩出することができて、それが社会全体の生産性と産出量を引き上げる。その意味では、古典的自由主義のほうがお金持ちの人数は多いかもしれないが、社会全体の成果としてはロールズの正義の原理のほうが優れている。そして成果は正義の二原理によって広範囲に分配されるから、公平で平等な社会が築かれる。

公平な機会の平等が資本の集中を防ぐことについて、ロールズは「市場経済は政治的・法的制度のなかに位置づけられなければならない」と述べている。ここでもロールズは経済よりも政治を優先させているが、古典的自由主義が政治を市場経済の補助と見なしているのに対して、ロールズは経済を政治の枠のなかに入れることで、政治を上位概念に置いている。そしてロールズによれば、資産と富が過剰に集中して少数者が独占しないように、政治と法律が経済の長期的傾向を調整することになる。

たしかに公平な機会の平等が資本の独占を防止するための政治制度を整える、というのは不必要なことかもしれない。第一原理が平等な政治的自由を保障して、政治的影響力の格差を是正するために、それを引き起こす富の格差に取り組んでいるからである。

しかし格差原理が言っているのは「最も恵まれない人の益になるならば、格差は許される」ということだから、格差原理が容認する範囲で格差が広がった時、それが政治的影響力の格差につながることもあり得る。

だから格差原理がこのような結果を引き起こさないように、それ以前の段階で、政治的な意味での公平な機会の平等を第二原理aで保障しておかなければならない。そして政治的影響力の格差は社会を変えることの無力感に直結するから、セルフ・エスティームすなわち「自分を価値ある存在」と見なすための社会的基盤をも下げてしまう。これに対処することも第二原理aの任務である。

ロールズは、政治に参画して社会を変える力を持つことがセルフ・エスティームを高め、反対にその道が閉ざされると自分を「価値ある存在」と見なせなくなる、と主張している。ゆえに絶対的貧困ではなく「相対的な不平等」が自信を失わせるならば、それは公平な機会の平等が実現していない状態と見なされることになる。

このように古典的自由主義とロールズ正義論を比較していくと、ロールズがなぜ資本主義的福祉国家を採用しないのかが見えてくる。くり返すが、格差原理は、第一原理「平等な自由」と第二原理a「公平な機会の平等」でも防ぎきれなかった貧困者を救うために、「最も恵まれない人の益になるならば、格差は許される」とする補助装置である。

しかし多くの批判者は、前のふたつから格差原理を引き離して、後者だけを単独で論じる。だから格差原理を取り出して、これを福祉国家に持ち込んでくれば、資本主義内でも恵まれない人は助けられる、という誤読が生じてしまう。つまり、もし格差原理が最低ラインの生活水準の提供を目的としているならば、絶対額として最低水準を引き上げられるような資本主義的福祉国家を実現することは可能である、という見解も出てくる。

功利主義の立場からすれば、資本主義は社会全体の富を大きくするという点では、最も優れた経済制度と見なされる。この見方が正しく、金融市場と製造業の自由な活動で富を増やすことができ、それが貧しい人たちに分配されるならば、資本主義的福祉国家を否定する理由はないではないか、ということになるであろう。

ロールズはそれでも資本主義には賛同せず、財産所有制民主主義を支持する。それは、財産所有制民主主義のほうが資本主義よりも平等な政治的自由と公平な機会の平等が保障されるからであり、財産所有制民主主義と資本主義では格差原理の意義が異なるからであり、両制度下で「公平な機会の平等」の要件が変わるからである。

「平等な自由」と「公平な機会の平等」については、資本主義下のほうが所得・富・パワー・機会において著しい不平等が生じるので、明らかに自由と機会の平等が侵害されている。そもそもの制度として、資本主義はこれら社会的基本財の平等を目指していない。ただこれらの不正義の「後」に金銭的に補正すればよいと考えているだけである。

福祉政策を採用しているとしても、所詮は資本主義であるから、特権階級は生産手段を手中に収めている。結果として、資本家は政治とのパイプを通じて自分に得になるような形で影響力を及ぼすことができるし、その子息が人気のある、または高収入の役職を占めるようになる。これらは政治的自由と機会の平等に反している。

資本主義的福祉国家が政治権力と職業機会について異常なほどの不平等を認めてしまっているため、恵まれない階層の人びとは政治参画や教育・就業に必要なスキル育成を諦めてしまい、社会の片隅に引きこもってしまう。そしてこれによって自分を「価値ある存在」と見なすことができなくなる。

資本主義的福祉国家は、貧しい人たちの生活水準を引き上げるために富の総量を増やすことを目的にしているとしても、限界なき不平等を野放しにしているという点で、自由と機会の平等はこの制度の下では保障されない。

ここからも、ロールズが金銭より人間固有のモラル・パワーを発揮する条件としての自由・権利・機会を重視していることが理解できる。ロールズとしては、お金持ちになれるとしても、自由や権利を放棄して、自分を身売りしてはならないのである。このように、ロールズの正義の理論は、自由で、自立していて、自分を「価値ある存在」と見なしている平等な市民という理想的人間像にもとづいている。

格差原理の解釈の違いについてだが、福祉国家資本主義のやり方は、まず資本家・経営者がたくさん儲けて、それで創り出された富をその後に低所得者に配る、というものである。成長率が高く総所得が増えたとしても、資本主義下であるならば、高所得者の伸び率と低所得者の伸び率とでは、たいてい前者のほうが高くなる。

仮に、低所得者の収入が成長前と成長後で絶対額として増えたとしても、特権階級の収入がそれ以上に増えていれば貧富の格差は広がっている。これは低所得者のセルフ・エスティームを深く傷つける。資本主義の特性として、低所得者は成長の恩恵で収入を伸ばしたとしても、それに伴って職場におけるコントロール権（生産計画や自身のスケジュール管理）を獲得したわけではない。あくまでも上層部の命令に服す「被使用者」という地位は変わらない。

パワーや「自分を価値ある存在」と見なすための社会的基盤などの社会的基本財をも格差原理に含めるのがロールズの真意に近いが、そうすると、金銭だけ渡せばよいという資本主義下の格差原理と財産所有制民主主義下の格差原理とでは、その意義が異なる。ロールズが後者にこだわる理由はここにあるわけであるし、だからこそロールズは働く者自身が生産手段を所有する制度を推奨する。この制度でこそ、役職に付随するパワー（権限）と特権が、恵まれない人にも適切に分配されるからである。

「公平な機会の平等」の要件についてであるが、金額だけで見るならば、所得の再分配を伴う資本主義のほうが勝っていることは言うまでもない。おそらくこれを明示してしまったらロールズへの拒否感が出てきてしまうであろうが、財産所有制民主主義の下では、金融市場は現状ほど激しく機能することはないだろう。株式市場が膨大な富を生み出すメカニズムが存在しないということであるから、その分、財産所有制民主主義のほうが総所得は小さくなり、結果として、恵まれない人も含め、すべての人の取り分は資本主義下よりも少なくなるであろう。

公平な機会の平等は、単なる形式だけには満足せず、働く者に対して、生産手段や生産計画について、公平で充分なコントロール権を与えることを目的にしている。ロールズはエリート主義や能力主義を拒否し、すべての人が自分のことを「価値ある存在」と見なせるような社会を築きたいと考えている。だから、お金はあげるから後は自分でやりなさい、という放任的な自由主義には賛同しない。みんなが劣等感で悩むことなく生きられるような制度を整えようとしている。

第３章　正当化のための条件

第1節　オリジナル・ポジション

正義の二原理は、どのような条件の下で選ばれるのであろうか。ロールズは自由で平等な人びとが公平な状況において合理的な判断をすれば、正義の二原理が採択されると述べている。

「公平な」状況とは、どういうことを指すのだろうか。ロールズによると、功利主義と正義の二原理を提示された自由で平等で合理的な人びとは、この時点では、人間の本性と社会制度についての一般的な知識は持っているけれども、自分自身のことや、自分がいまいる社会のことや、その社会がいままで辿ってきた歴史については、なにも知らない。このように、抽象的な理屈はわかっているものの個別の状態は理解していない状態では、功利主義ではなく正義の二原理が選ばれる、ということである。

この状況を本書では「オリジナル・ポジション」と呼ぶことにしよう。これまで、ロールズのオリジナル・ポジション（original position）は「原初状態」と訳されてきた。これは社会契約論の中心概念である「自然状態」のロールズ版である。しかし本書では、ふたつの理由から「オリジナル・ポジション」としたい。ひとつは、伝統的な「自然状態」の原語が「ステート・オブ・ネイチャー」（state of nature）であるのに対して、ロールズの「原初状態」の原語が「オリジナル・ポジション」とまったく違うのに、似た訳語とすることに抵抗があるからである。もうひとつは、この違いをふまえた新たな訳語を考えるよりは、もうすでに英単語が日本語にも入ってきているので、ここで原語をそのままカタカナで提示しても、そのまま受け容れていただけるだろうと考えたためである。

ロールズは昔の思想家・哲学者の社会契約論の現代版であるが、ロック、ルソー、カントも、法律・憲法・原理原則は平等な権利を有する自由な人びとによって合意されるはずのものだ、と考えてきた。ただし、とくにロック、ルソーの「自然状態」も歴史のどこかの時点で実際に起こった出来事ではなく、「こういう状況に置かれれば、この法律・憲法・原理原則が採用されるはずだ」というものである。この最後の「はずだ」が重要であるが、それは現実社会でその法律・憲法・原理原則が選ばれるかどうかは、不明だからである。しかしそれでも条件さえ整えばこれらが採用されるだろう、ということである。

同様に、ロールズのオリジナル・ポジションも仮定の話である。これも歴史の特定の時点で実際に取り交わされた合意ではなく、思考実験である。思考実験とは、現実にはあり得ない条件を頭のなかで創り出して、そこで人びとがこうしたらこうするだろう、ということを空想することである。

なぜ空想しなければならないのかというと、それは現実世界においては、法律・憲法・原理原則を決める際、決定者が「公平な」立場にいないからである。決める際の条件が公平でないと、決まった法律・憲法・原理原則も公平でない。だから公平な原理を採択するためには、公平な条件を創り出さなければならない。しかし現実社会においてはそれは不可能だから、頭のなかで「公平な」条件を人為的に築き上げて、あるべき原理の姿を探ろうというのがロールズの試みである。

この思考実験のなかの登場人物は、自由で、平等で、合理的な人びとである。これらの人びとが全会一致で正義の二原理を採択するというのが、ロールズのシナリオである。だから本章では、その詳しい条件と、その条件の下でどういう理由で、功利主義ではなく正義の二原理が選ばれるのかを探究していく。

ロールズのオリジナル・ポジションの重要なところは、人びとが自分自身のことや同じ社会のなかにいる他人についての具体的な事実について、なにも知らないことである。特定の事実について知らないことで、公平な決定が下される。だからロールズはみずからの正義の二原理を「公正（公平さ）としての正義」と名づける。これは、公平な条件の下で選ばれた原理という意味である。オリジナル・ポジションの公平さが、その下で決められた原理の公平さを保障し、だからこそ、その原理自体が公平だと見なされる。

この前提には、公平なルールを決めるためには決めるための手続きが公平でなければならない、という考え方がある。そして手続きの公平さを究極にまで推し進めると、オリジナル・ポジションになる。ロールズは、オリジナル・ポジションにおける仮定的な合意以外に原理を選ぶための客観的な基準はないとする。手続きの公平さ・正しさだけが、採択されたルールに公平さ・正しさを与えることができる。

ここまでの説明だけでも、批判が思い浮かぶであろう。実際、古典的な自由主義者は、みずからの所有権を危険にさらす再分配政策に賛成させるような合意には最初から「公平さ」などないと考える。古典的自由主義者にとって、所有権はすべてに優先するほど絶対的であり社会が存在する前から人間に与えられている不可侵の権利であるため、それを放棄させるような規則は、そもそも公平ではあり得ない。

これに対してロールズは「所有」という概念自体が社会制度を前提にしているという。ロールズとしては、社会が存在する前にまず「原理原則」があり、それが社会制度のあり方を決め、この社会の規則が今度は「所有」という概念の中身を決める。それと同時に、社会制度が自由と権利、パワーと機会、所得と富、「自分を価値ある存在」と見なすための社会的基盤を分配することになる。

原理原則が自由で平等な人びとが集まる社会の基本構造を定めるため、原理原則を決める適切な方法は社会のメンバー全員による公平な合意でなければならない。原理原則が社会制度を整え、社会制度が人びとが生きるための社会的基本財の分配方法を規制するからである。

公平な原理原則の条件は、その原理原則が自由で平等な人びとに受け容れられることである。というのも、原理原則が採択され、それで具体的な社会制度が築かれると、今度はそれが強制力を発揮するようになる。政府が権力を持つのである。法律を守らなければわれわれは罰せられるから、その前提である原理原則は公平な全会一致でなければならない、ということである。

これは社会契約論の根本的な大前提である。国家は法律を守らせるために、合法的に暴力を用いることができるからこそ、国家を含む社会制度のグランドデザインである原理原則は公平に合意されなければならない。しかし現実的には、社会のメンバーは異なった価値観や信念を持っており、違いを調停する、または抑え込む道徳的・宗教的・哲学的権威は存在しない。だからこそ、原理原則をメンバー全員が受け容れられるものにするためには、だれかが上から押しつけるのではなく、みんなが平等な立場で合意するしかない。

ロールズによると、合意が公平であるためには、人びとは自由で平等な道徳的個人としてまったく同じような立場にいなければならない。この状況下、つまりオリジナル・ポジションの下での「自由で平等な道徳的個人」は、価値観や信念の違いで対立が生じがちな生身の人間の性格や、社会の環境を抽象したものであり、空想である。オリジナル・ポジションは、この理想化された「自由で平等な道徳的個人」をモデル化したものである。

別の言い方をすれば、オリジナル・ポジションは、社会の基本構造を描く原理原則を選択する際の適切な理由をモデル化したものである。われわれは複数のルールを比較検討してどれかひとつに決める際、なんらかの理由にもとづいてそうする。その理由が公平でなければ、ルールも公平でない。だから理由が公平になるための条件をオリジナル・ポジションが提供している。

たとえば、われわれは普通、同じケースは同じように扱われなければならない、と考える。ある人が万引きをすれば処罰されるが、それが大臣の息子だったら無罪放免になる、というのは公平なルールではない。このことは、公平な原理原則のためには、特定の情報は考慮してはならないことを意味する。この場合は「その人がだれか」という情報であるが、世界全体を見渡せば、さらにはその人の宗教、人種、性別、民族、階級などである。白人には投票権はあるがアフリカ系には投票権はない、というのも典型例である。

したがってオリジナル・ポジションでは、このような情報は除外される。オリジナル・ポジションは道徳的に正しい理由を探るための装置であり、道徳的に正しくない理由を排除するための装置である。

このように社会契約は仮定の話であるが、それはこの学派の伝統である。仮定だから、現実的な意味はないと思われるかもしれないが、むしろ仮定的だからこそ、現実にいまある憲法・法律・政府が「正義にかなっているかどうか」を判断する基準になる。

さらに重要なのは、原理原則が社会制度を形づくるが、その制度を維持する義務がメンバーに発生することである。原理原則で社会制度の具体的あり方が決められるが、今度はそれが個々人に役割を付与する。原理原則に合意した以上、その個人にはその役割を果たす義務が生じる。ここには空想から具体へのなだらかな転換がある。抽象的な状況で原理原則が決められるが、それが具体的な社会制度を創り、その社会制度が現実のわれわれに実際的な義務を与える。

ここで反論が思い浮かぶであろう。空想で決められた原理原則は、現実の人間に義務を課すことはできず、実在の契約にしか効力はない、というものである。たとえば、一般的な義務として「助けてくれたら、お返しをする」という原理原則に賛成していたとしても、それはだれか特定の人と交わした契約ではないから、仮にだれかが私の就職を世話してくれたとしても、その人にお礼をする義務は、この一般的な原理原則からは出てこない。

同様に、オリジナル・ポジションという仮定的な状況設定の下で正義の二原理を採用したからといって、それが現実世界で、われわれにそれを守る義務を課すわけではない。現実の場で、特定の人びとと話し合って合意したわけではないからである。

ロールズはこれに対して、オリジナル・ポジションは抽象のための装置であり、「正しいルール」を個人的にも社会的にも明らかにするための思考実験だと述べている。つまり、オリジナル・ポジションでわれわれは実際的な義務を負うわけではなく、正義についてのわれわれの確信を明確に描写することを目的にしている。最善の理由にもとづいて最も誠実に道徳的な感覚を働かせた場合、われわれはどんな原理原則を選ぶのか。このことについて真剣に考えさせるための技法がオリジナル・ポジションである。

「正しい原理原則とはなにか」ということを徹底的に考え抜いて、そしてそれを選ばせた理由をじっくり検討して、とくに他人に受け容れてもらえるような理由を探し出して、だれに対しても正当化できる原理原則を見つけることが、安定した社会を築くためには不可欠であるが、それを実現するための方法がオリジナル・ポジションである。

要するに、だれもが反対できないよう全会一致の合意に至るには、かえって仮定的な話に頼るしかない。それはわれわれが「正しい」「全員が受け容れられる」という条件を究極にまで突き詰めた結果であるから、むしろ実際にあった契約よりも拘束力は強くなる。条件さえ整えば、だれもが受け容れ、守る「はず」の原理原則だからである。

それゆえ、仮定の話であるからそれに価値はない、というのは誤りである。というのも、科学の世界では、このやり方は普通だからである。仮定的な状況での個人や物体の振る舞いを探る際、科学者は思考実験を用いる。これが科学の進歩を促してきた。

経済学では、完全競争下での価格は現実的ではないが、それが実際の経済活動を背後から動かしている、とされている。そしてこれを仮定的ではあるが、根源的な状態と見なすことで、実際の価格が「完全競争下の価格」と違う場合、違いを生み出す条件を探ることになるが、これが新たな研究課題となる。物理学でも、「空気抵抗ゼロ」は仮定の話であるが、これを根源的な状態とすることで、なぜ物体ごとに落下速度が異なるのか、という新たな研究課題が現れてくる。

経済学と物理学では、仮定的な状況が根本的な法則として扱われる。同じように、オリジナル・ポジションが、根本的な道徳的原則を正当化するために使われる。

ロールズはこのような仮定の状況で、正義の二原理が選ばれると立論するのであるが、まったくの無から正義の二原理が出現してくるのではなく、オリジナル・ポジションにいる人びとは功利主義と正義の二原理のふたつの原理原則を提示されて、どちらがよいのか、吟味に吟味を重ねて最終的に正義の二原理に到達する。

なぜなら、ロールズだけでなくだれが見ても、現代における根本的な原理原則においては、功利主義が筆頭に挙がることは衆目の一致するところだからである。ロールズの目的は、功利主義は正しくない社会制度を導いてしまうから、正しい社会制度にするために正義の二原理を採用するよう読者を説得することにある。

功利主義に人気があるのは、単純明快であることと、現実的な状況では「正しい」わけではないとしても「得」になるからである。功利主義の標語は「最大多数の最大幸福」であるが、これは効用の最大化を目指す立場である。「効用」を個人の満足度と定義するならば、人びとの幸福が一番大きくなる政策を採用せよ、というのが正しい原理原則となる。この言葉だけで判断するならば、これを否定することはむずかしい。そしてその満足度が金銭で計れるならば、その原理原則の客観性は高まるし、第一、金銭的に豊かになる社会を拒絶する人はいないであろう。

さらにこの哲学は現実の経済政策に影響する。ＧＤＰ（国内総生産）の数字を引き上げることは実際的な政策の最優先課題であり、本当にそれが達成されれば、政府は国民にほめられることになる。お金稼ぎこそ人生の目標と思われていれば、なおさらである。「最大多数の最大幸福」とＧＤＰの数字が上がることは、イコールと見られている。

功利主義の背景には「目的論」や「帰結主義」という思想がある。どちらも結果さえよければ、その原理原則が正当化されるという考え方である。ロールズは功利主義を批判して正義の二原理を正当化する際、功利主義がこういう弊害をもたらす、という議論とともに、「結果さえよければ」という見方についても検討する。ロールズは「最大多数の最大幸福」の政策を進めると個人の自由と権利が侵害されると述べ、さらに目的が手段を正当化する政策でも平等な自由が保障されない、と主張する。これについては、これからじっくり検討していこう。

第2節　人間の「合理性」

オリジナル・ポジションで、自由で平等な人びとが「合理的な選択」をするためには、人びとに、彼らが目指そうとする利益や目的がなければならない。なにが益になって、なにが益にならないか、という考えのことである。人びとが合理的であるとは、人びとがそれぞれの「善」を求めているということであるが、「善」は自分の益になるものであり、自分が価値あると見なすものである。

この「善」には形式的側面と実質的な側面がある。前者は合理的選択のルールのことであるが、その意味は人生を合理的に計画することである。自分の人生をどうしたいか、という考えの下、それを具体化するために必要な財を追い求めることであり、理想の人生を実現することや、そのための財を手に入れることが「善」である。そして「善」を手に入れるための手段を考えることが合理的な選択である。

後者は、理想の人生そのものであり、さらには社会的基本財も実質的なものであるし、自分がしていることをもっと高いレベルで達成しようという卓越性も「善」の実質的な側面に加えられる。また、合理性には次の三つの特徴がある。

第一に、合理的な人は、不可能なことはやらない。彼らは、目的がいくつかある場合、そのあいだの整合性を保とうとする。つまり、ひとつを実現したら別のものは実現できない、というような矛盾した複数の目的を持つことはない。また、それらの諸目的を達成しようとする時、最も効果的な手段を選ぼうとする。

第二に、合理的な人は、ある目的を達成しようとする時に、複数の手段がある場合はそれぞれの確率を考える。

第三に、合理的な人は、資源に限りがある場合、目的の実現可能性を考慮するとともに重要な目的から達成しようとする。

全般的に言えば、合理的な人には、「善」、優先的な価値、理想とする生き方という三つの理念がある。合理的な計画には、基本的な人生の目的と、それを実現しようとする決意と意欲が含まれ、その合理性は良識にもとづく道徳的・宗教的・哲学的信念に裏づけられている。そしてそれら道徳的・宗教的・哲学的信念が人生に意味を与えている。

以上「合理性」に関する事項を並べてみたが、合理的な人はそれぞれを慎重に検討し、重要性について優先順位をつけて、合理的な人生計画に関する目的がいくつかある場合には、それらに順番をつける。それは「合理的な人生計画」の具体案が複数あるためであり、それが人生全体にわたり、かつ人生の段階ごとで目的が変わっていくからでもある。

合理的な人は、人生をひとまとまりと考えて、どこか特定の部分だけを中心に置くことはない。合理的な人生計画を立てる際、それぞれの時期における「善」を同等に捉える。この点、合理的な人は賢明であるが、それは将来の「善」も、現在の「善」と同様に重要と考えるためである。仮に将来の「善」をその実現可能性が低いという理由で諦めるとしても、それは未来という時期の全般を軽視しているということではない。

オリジナル・ポジションでは、すべての人は合理的である。つまり彼らは人生において達成したいことを明確に知っており、そのための手段を見つける能力もある。同時に、合理的な人であっても、家族・友人などの個人的な人間関係の大切さをわかっており、自分がどこかの社会に属していることでアイデンティティを得ていることを理解しており（ただし、どの社会集団に属しているかは特定できない）、自分の人生に意味を与えるものがどんなものであるか、ということも把握している。これらの目的意識、信念、意欲、決意がオリジナル・ポジションにおける合理的な人びとの根本的なモチベーションである。

われわれは「善い」人生を送りたい。それを達成するための動機が合理性ということであるが、だれもが、それが達成されるための好条件を求めている。これこそがオリジナル・ポジションの下で合理的な人びとが正しい原理原則を選ぶ際に獲得したいものである。この意味で、彼らは「合理的」と見なされる。

ここまでロールズが考える「合理性」の中身を列挙してきたが、それはとりあえず一度、ロールズの手札を全部見ていただきたかったからである。これからは少し、別の言い方で解説しよう。

とりあえず、それがどんなものであろうと、われわれには「利益」や「目的」があるだろう。なにかをしたいという欲求や願望がない人は生きる気力を失ってしまう。人生に前向きならば、達成したい目標がある。このような目的や価値が「善」である。

先に、合理性に「形式的」と「実質的」があると述べたが、これもロールズの書いていることを提示するためであり、大きな意味はない。単純に、目的のための手段を選ぶ思考力を「形式」とし、達成されるべき目的・価値・卓越性を「実質」つまり合理性の中身としただけである。ただ「理想の人生」は重大で、ロールズはこれを実現することが人間の生き方を決めると考えている。

合理性の特徴としては、第一に、無理なことはせず、諸目的間に矛盾はなく、効果的な手段を選ぶことであり、第二に、複数の手段のパーセンテージを比較検討することであり、第三に、諸目的に優先順位をつけることである。

「善」はその人に利益を与えるものであり、価値のあるものであり、人生を充実させるものである。だから「善」と「価値観」は同じことであるが、「善」は諸価値の総体であり、かつそれらを実現するための手段をも含んでいる、抽象的で包括的な概念である。価値観はより個別な目的を指すとともに、人生の究極的な目標を意味することもある。「年末までに一〇キロ痩せる」も価値であるが、宗教のように人生すべてを統括するものも価値に入れられる。「善」は全般的だからひとつであるが、価値は複数あるから、全部を一度に達成できないならば、そのあいだに優先順位をつけなければならない。

ロールズの重要なところは、ロールズが特定の人生観を描いていることである。ロールズにとっては、人びとには必ず「理想の人生」があり、それは努力して勝ち取るべきものであり、そのために求められる技能は卓越したものでなければならない。人はより上に、上に向かわなければならない。人が生きるのはそのためであり、それを効率的に成し遂げるために人は合理的である、ということになる。

さらにロールズにとっては、人生は崇高なもので、道徳的・宗教的・哲学的な信念に裏づけられている。倫理か信仰か世界観が人生を色づけして人生に意味を持たせて、そしてそれを現実社会において具体化することが生きがいとなる。だからロールズの世界には、人生の究極的目標が「お金稼ぎ」であり、それを達成するための手段が「他人が損をすることを前提に、株式市場に投資すること」という合理性は存在しない。

人生の究極の目標はひとつかもしれないが、それを達成するための手段は複数ある。だから、合理的な人は究極目標を効率的に実現するために諸手段に優先順位をつける。これも合理性の要件である。また、人生が進むにつれて究極目標が変わることもある。それはそれでよいが、その場合でも、これからの人生のすべての時期を同等に考えるのが、合理的な人のやり方である。遠い将来のことは捨てていまだけ楽しむのは合理的ではないし、将来のことだけを優先していまを惨めな生き方にすることもない。

ロールズにとっては、合理的な人は「利己的」な人ではない。家族・友だちなど人との関わり合いも大切にするし、どこかの社会に属していることがその人をその人にしていることも知っている。自分が自分であること、すなわちアイデンティティを提供しているのが共同体であることがわかっているから、自分だけの利益を優先してコミュニティを軽視することはない。自分の属している社会に貢献することも、ロールズにとっては「合理性」に加えられる。単なる身勝手とは違う。

オリジナル・ポジションにいる人びとはお互い無関心であるが、これは「利己的」とは異なる。すべての人にとって、愛する人、友だち、自分が属しているコミュニティの同胞など、ほかの人びとはとても大切な存在である。同様の限定的な利他性（他人の利益を優先する立場）は、オリジナル・ポジションにも当てはまる。「限定的」というのは、家族・友人・仲間に与えるような慈悲や愛情を、赤の他人には示さないからである。

だからオリジナル・ポジションでは、契約を交わす合理的な人びと同士は、他人の利益に興味はない、という意味で、お互い無関心である。他人の利益を自分の利益よりも優先することはないが、他人に損をさせることを自分の行動の優先課題にすることもない。オリジナル・ポジションにいる合理的な人びとは、愛情によっても、または悪意によっても、動機づけられることはない。

だから合理的な人びとは、嫉妬にかられて行動することはない。言い換えれば、彼らは他人よりもお金持ちになることを、それだけの目的のために目指すことはない。理想の人生を築くために努力してほかの人よりもお金持ちになったとしても、それは結果であって、優越感に浸ることを狙っていたわけではない。同時に、自分が損をしてでも他人に痛い思いをさせてやろう、という動機もない。

合理的な人びとはそんなことをすることはなく、他人がどれだけ持っているかに関心を持たず、自分の「善」の中身であるたくさんの目的を効率的に成し遂げようとする。彼らには、直接的に他人の目的を実現してあげよう、という気はない。

だからと言って、他人の目的にまったく関心がないわけではなく、自分が関わっている人の目的達成には助力するであろう。しかしこれも究極的には自分の「善」を促進するためである。とは言え、これは「利己的」とは違う。自分が関わっている人が目的を実現することが、社会のなかで関係を結んでいる自分にとってもプラスになるからである。

ドライな説明の仕方になってしまったが、ここでは「他人の利益」は「自分にとっての手段」ではない。思いやりのような情は絡んでおらず、自分の利益と他人の利益は同等であり、「私の利益」は「相手の利益」で、「相手の利益」は「私の利益」という循環関係になっている。利他的な感情にもとづいてはいないが、自己中心的でもない。

これらのことは、ロールズの「理性的であること」と「正義の感覚」（後述）という概念につながる。ロールズは「理性的であること」と「合理性」を別の概念であるとしているが、人間の思考と行動はこのふたつで成り立っている。すでに見てきたように、「合理的であること」はその個人の「善」に関することである。実際にロールズは『正義論』のなかで「合理性としての善」というフレーズを使っている。

くり返しになるが、ロールズにとっての「善」は、個人が合理的な熟慮の末に選んだ人生の合理的な計画のことである。一方「理性的であること」は「正しさ」に関することである。「正しさ」には、個人の道徳的義務や、社会制度に適用される原理原則の道徳的要件が含まれる。

人間が実際に考え行動する際は、「理性的であること」と「合理的であること」の両方が用いられるが、それぞれは思考様式も思考対象も異なる。「理性的であること」は、人間であるならだれでも負う義務や、社会制度の正しさを見分ける能力であるが、「合理的であること」は、自分にとっての「善」や価値観に関わることである。

人間ならだれもが「理性的であること」と「合理的であること」のふたつの思考様式を具えている。印象としては「合理的であること」よりも「理性的であること」のほうが強く現れる人のほうが立派な人のように感じられるかもしれない。しかし人間は自分の「善」を一切無視することはできないし、そうすることがよいわけでもない。

理想は、「理性」の方向と「合理性」の方向が一致することであり、自分の「善」を放棄して「正しさ」だけに人生を捧げることではない。ロールズの人間観はとても精神の強い人を想定しているが、自分の「善」を捨てて「正しさ」だけを追求せよ、とまでは言っていない。それはあまりにも非現実的過ぎるし、そういう社会が本当によいのかどうかもわからない。

ただし「理性的であること」と「利他的」とは異なる。利他性は、他人の「善」を気にすることであり、他人の「善」を実現するために自分の「善」を犠牲にすることである。「理性的」は、人間として「正しいこと」や社会として「正しいこと」を考えて、それにもとづいて行動することである。利己性も利他性も思考と行動は具体的な人間に対して行使されることであるが、ロールズの言う「理性的であること」は、普遍的な人間像を想定して、その人が担うべき責務を実行することであり、正しい社会のあり方を追求して、その具体化に取り組むことである。

ロールズは、非道徳的な人は非合理的であるとか、道徳性と合理性は不可分とは言ってはいないが、もし合理的な人が理性的な道徳的要請に応えなければ、実践理性の要件に反するとは述べている。合理的であっても理性的でない人はいるが、実践理性は合理性と理性の両方で成り立つから、理性の欠けている人は実践理性が不充分な人と見なされる。このように「理性的であること」と「合理的であること」は別個であるが、両方があって実践理性は完璧に発揮される。

このことは、われわれの日常会話からも推察される。われわれは、ある第三者の行動について「あの人の目的からすれば、あの人があのように行動したことは合理的であるが、それは理性的とは言えない」とすることがあるが、これこそ「理性的であること」と「合理的であること」が別個の思考様式であることを示している。

前段落の意味は「その人は自分の利益を考えるという点では合理的であるが、協力的でないし公平でないし他者に敬意を示さないし、ほかの人の立場を考慮しないし、他人の言い分や目的を軽視して自分と相手の利害が衝突した時、中間地点に解を見つけるのではなく自分の要求だけを押し通そうとする」ということであろう。「協力的」以下の描写を肯定形に変換すると「理性的であること」の中身になる。

ロールズにとって「理性的であること」は正義の感覚を持つことと同義である。正義の感覚は、正義の二原理が個々人に課している義務や責任に積極的かつ効果的に応じる心理傾向である。ロールズによれば、正義の感覚は普通の人が身につけている性質であり、人間が社会で生きるための条件である。ここにも、ロールズと古典的自由主義との違いがある。経済学的思考のもととなる古典的自由主義では、人びとは自分の利益だけに反応して行動することになっている。ロールズはこれに正義の感覚を加える。

ロールズは、オリジナル・ポジションの下にいる人びとは正義の感覚を使えて、さらにその感覚を伸ばせるような社会の基本構造を実現したいと考える、と述べている。既述のように、人間が現実の事象に接する際、ふたつの思考様式を用いて、それを基礎に行動を決める。それが「理性的であること」と「合理的であること」である。前者が「正しいこと」を見分けそれを実現しようとする心理であり、後者が「善」を求めそれを具体化しようとする動機である。

ロールズにとって、これらふたつの思考様式は、人間が本来的に具えている能力である。これらふたつの能力を発揮しようとすることが、自由で平等な人びとの「合理性」の実質的な内容である。だから理性と合理性の進む方向が一致するならば、それは自由で平等な人びとの「正義の合理性」と呼ばれることになる。正義は「正しいこと」だから「理性的であること」に関わり、「合理性」は個人的な「善」についてのことである。普遍的な「正しさ」が個人的な「善」と重なったことになるが、これこそ理想である。

「正義の合理性」が意味するのは、「理性的であること」が人間が社会で生きるための条件であるから、自分の正義の感覚を育てることはその人の「合理的」な利益になる、ということである。正義の感覚が欠けていると、ほかの人と協力することができないため、協力の結果から生まれる便益を得られない。正義の感覚のない人は信頼されないから、安心して協力できないので、他人から避けられてしまうからである。もし他人が、あなたは法律や、正義が課す社会規範を理解できず、それらに従うことができない、と思ってしまったら、その人はあなたと協働作業しないだろう。

オリジナル・ポジションの下にいる人はこのことを知っているから、正義の感覚を育てるような社会的条件を築きたいと考えるし、それを社会の基本構造のなかに入れようとする。人びとが自分の正義の感覚を発展させたいと思う気持ちは、「理性的」でありたいという、純粋に「合理的」な動機である。

言い換えれば、正義は、オリジナル・ポジションの下にいる人びとに、自分の「善」を実現するための道具と見なされる。人びとは、正義それ自体に関心はなく、ただ利己的な目的（協力の成果を得るという目的）を達成するための手段に過ぎない。この点で、ロールズは「他人思い」という利他性は想定しておらず、合理的な人間は、あくまで自分の利益を促進するという動機から正義の二原理を選ぶと考えている。

ここから次の三つが、オリジナル・ポジションの下にいる人びとの動機づけにとって、不可欠な要因として整理できる。

第一に、人びとは、自分の「善」すなわち人生の合理的な計画の実現を目指している。

第二に、人間には「理性的であること」と「合理的であること」というふたつの生得的な能力があるが、人びとはまず自分の「善」を形づくり、見直し、追い求めていくための社会的条件を欲する。

第三に、同時に、もうひとつの本来的能力である「理性的であること」すなわち正義の感覚を開拓するために好都合な社会的条件をも必要としている。

これら三つの要因は、オリジナル・ポジションの下にいる自分たちを自由で平等と見なす合理的な人びとの根本的な関心である。

先に合理性の「形式的」と「実質的」側面について述べたが、「合理的選択」の理論は形式的な側面だが、右記の三要因が「実質的」側面となる。自分を自由で平等と思う人びとのなかで三要因を無視する人がいれば、その人は非合理的な人である。

そして三要因がロールズの「社会的基本財」に基礎を与える。「社会的基本財」はあらゆる目的に用いられる社会的手段のことである。すでに「理性的であること」と「合理的であること」についてくり返し述べてきたが、これは人間が本来的に持つ「モラル・パワー」（道徳的能力）である。社会的基本財は、このモラル・パワーを使わせ、伸ばさせ、そして個人の「善」を追求するために必要な道具である。だからこれは、だれにとっても、生きていくために不可欠な財である。

ロールズは、個々の「人生の合理的な計画」の具体的な中身がどんなものであろうと、合理的な人はだれでも社会的基本財を求める、と考えている。そしてその中身は、自由と権利、パワーと機会、所得と富、「自分を価値ある存在」と見なすための社会的基盤である。

第1章で述べたように、ここで「パワー」としたのは、その訳語が「能力」「権力」「権限」「才能」「才覚」と多様であるにもかかわらずひとつに決めてしまうと、「パワー」という言葉の広がりが消えてしまうからである。というのも、ロールズは「パワー」を抽象的な能力というよりは、もっと具体的に、法的・制度的な意味で使っているからである。ある社会的地位に就く資格や権限をパワーとしている。さまざまな職業の人は、その役割に特有で任務遂行に不可欠な制度的なパワーを持っている、というように語られる。

所得と富であるが、「所得」をここでは労働の対価として定期的・継続的に入ってくる報酬という意味として使っているが、前章で触れたように、ロールズは「富」を、単なる金銭だけでなく、市場的価値を持ち人びとが目的を追求するのを可能にするあらゆる実体的な資源やサービスを利用できること、であるとしている。

「自分を価値ある存在」と見なすための社会的基盤は「セルフ・エスティーム」や「セルフ・リスペクト」の意訳であるが、第1章で説明したように、そう訳したのは、直訳すると「自尊」や「自尊心」となるからである。「自尊」は通常「プライド」の訳語として用いられ、なにか尊大なイメージがある。しかしここで言う「セルフ・エスティーム」は「生きるための自信」のようなものだから、お高くとまった印象のない訳語にしたかったため、長くなるが「自分を価値ある存在」と見なすための社会的基盤とした。

ロールズにとって「自分を価値ある存在」と見なすための社会的基盤は、人びとに自信を持たせるために必要な仕組みである。自信とは、社会における自分の位置は他人から敬意を示され、かつ自分の「善」は追求に値するものと他人から見られることである。その具体的な内容は歴史と文化で異なるであろうが、ロールズが民主主義社会において中心になると考えているものは、平等な政治的自由と、公平な機会の平等である。

オリジナル・ポジションの下にいる人びととは、社会的基本財の、適切な分け前を欲しいと思っている。というのも、社会的基本財が、人生の合理的な計画の達成と、ふたつのモラル・パワー（理性と合理性）の発揮に必要だからである。だれもが、すべての目的に使える社会的基本財を求めるが、それは少ないよりは多いほうがよい。そして社会的基本財を求めること自体が合理的な動機である。

整理すれば、オリジナル・ポジションの下にいる人びとは、人生に意味を与えるような人生の合理的な計画を遂行する、という意味で、形式的に合理的である。その人生の合理的な計画の一部として、人びとは、ふたつのモラル・パワー、すなわち「正しさ」を見分ける「理性的であること」と「善」を追求する「合理的であること」という能力を使って、さらにその感覚を伸ばすという実質的な関心を持っている。

これらロールズの言うところの「高次の関心」によって、人びとは、できるだけ多くの社会的基本財がもらえるような原理原則を選ぼうとする。なぜなら社会的基本財を得ることで人びとは高次の目的を達成し、人生の合理的な計画を効果的に進めることができるからである。さらに、以前言及した「卓越性」も合理性に加えられる。合理的な人びとには通常、磨きをかけた技巧と人間特有の能力を卓越したレベルにまで引き上げたいという動機がある、ということである。

以上のような公平な条件が、オリジナル・ポジションの特徴である。オリジナル・ポジションの下にいる人びとは、自分自身や、自分のいる社会的・歴史的環境についての特定の事実を知らないことで公平な判断ができる、ということである。この「特定の事実」には、自分の価値観、すなわち「善」の中身、さらには自分の宗教的・哲学的・道徳的信念が含まれる。

第3節　公平な決定の手続き

ロールズは、自分の状況についての特定の事実を知っていると、原理原則を決める際、公平な結論には至らない、と考える。この「自分の状況についての特定の事実」は、その人の知能やスキル、性別、宗教、人種、富、健康状態である。

原理原則を比較検討している時、自分が高い能力を持っていると知っていれば、税金が安い原理を選ぶだろう。原理原則を選ぶ前にすでに自分の社会が男性優位社会で自分が男性であることを知っていれば、その制度を変えようとしないだろう。自分の社会がキリスト教中心で自分がクリスチャンであることを知っていれば、キリスト教中心の原理を選ぶだろう。自分の社会がアフリカ系に差別的で自分が白人であることを知っていれば、人種差別を禁止する原理を採用する可能性は低くなるだろう。自分がお金持ちであることを知っていれば所得の再分配政策を選ばないだろうし、自分が健康であることを知っていれば医療保険制度に反対するだろう。

このように、オリジナル・ポジションの下にいる人びとが、自分自身と自分の社会について知らないことこそが、オリジナル・ポジションの重要な特徴である。これが原理原則を決める「手続き」の公平性を保つとともに、その結果として選択される原理原則にも公平性を与えることになる。だからロールズは、採用されるはずの「正義の二原理」のことを「公正（公平さ）としての正義」と言っている。

人びとは、社会の基本構造を形づくる原理原則を比較検討する際、オリジナル・ポジションという状況に入る。これは、手続きと採用される原理原則の両方が公平なものであることを保障する装置であるが、その中心は、具体的な事実によって決定をゆがめないことである。「決定をゆがめる」とは、自分個人にとって有利な制度を築くことである。

だからオリジナル・ポジションの下にいる人びとは、自分自身のこと、社会のなかにいる他人、その社会の過去と現在の状況について、知っていてはならない。このなかには、自分の社会が持っている国富や天然資源の量も、人口の大きさも、経済発展の段階も含まれる。本当の公平さは「だれにでも受け容れられる」という意味でなければならないから、「自分にとって有利」という基準は、手続き的にも内容的にも公平ではない。

原理原則を比較検討しているオリジナル・ポジションの下にいる人びとは、「一般的事実」のみにもとづいて決定しなければならない。「一般的」とは、オリジナル・ポジションの下にいる全員が、完璧な知識レベルで共有している事実のことである。その一般的知識には、人間ならだれにでも共通する心理傾向、人間社会ならどこでも共通する経済の仕組み、人間社会に共通する社会制度、生物学的な共通点、物理世界の法則が含まれる。

ここがロールズのオリジナル・ポジションと、昔の社会契約論が想定する「自然状態」（ステート・オブ・ネイチャー）との違いである。オリジナル・ポジションも、自然状態も、どちらも仮定の話であるが、オリジナル・ポジションが現在の状況と、個人と社会の歴史的経過を忘れ去らなければならないのに対して、自然状態にはそのような厳しい条件はない。昔の社会契約論も、その契約が現実に取り交わされた、とまでは言わないから、その点では仮定の話であるが、自然状態の下にいる人びとは、自分のことについても社会のことについても事前に知っていて、原理原則を選択することになる。

普通の、現実で交わされる一般的な契約では、契約当事者たちはそれぞれの立場、性質、お互いの力関係を考慮に入れて交渉に臨む。双方は、自分と相手に関するあらゆる事実を持ち込み、引き合いに出して、契約内容を決めていく。このような通常の契約では、双方は最初から、常識外れの契約に至らないよう、法律や道徳的意識によって規制されている。だから、少なくとも民主主義国では、お金の貸し手は、借り手が返済できない時、「身体で返せ」と暴力的なことは言わない。これは、たとえば奴隷として召使いになれ、ということであるが、現在社会では、これは法と道徳によって禁止されている。

昔の社会契約論者は「権利」を確立することに貢献したが、ここでも同様に、契約の内容は道徳的意識によって制約されている。自然状態の下にいる人びとは、神の自然法にもとづく道徳的義務に反するならば、どんな合意も無効になる、と考えている。だれも、人格の自由や、その他の道徳的権利を侵害する原理原則を受け容れることはない。

しかし昔の社会契約論者は、ロールズが大切にする「平等な政治的自由」を不可侵の権利と考えてはいなかった。たとえ人間は生まれながらに固有の権利として自由で平等であると認めるとしても、昔の社会契約論者は、社会全体の利益のためには、女性や一定以上の資産を持っていない男性など、多くの人たちは政治的自由を放棄してかまわない、と考えていた。このため、昔の社会契約論者のなかには、完璧な民主制度ではなく立憲君主制を支持する人がいた。ここでは、キリスト教者であり、かつ資産を所有する者のみに参政権が与えられていた。

なぜこういうことになるのかというと、昔の社会契約論者の用いた選択の装置が「自然状態」であり、そこでは、原理原則を比較検討している人びとが、自分と他人の性別、富の大きさ、宗教を知っていたからである。自然状態では、人びとは自分たちそれぞれについての特定の事実を知っているため、社会のなかで有利な位置にいる人はその権力を利用して自分に得になる制度を築こうとし、さらに社会的に低い階級の人たちに恩恵を与える代わりに固有の権利を放棄させた。交渉の時点から権力に格差があったため、結果として出てきた原理原則は、その格差を固定するか広げるものになってしまう。

現代民主主義国に住むわれわれの視点からすれば、その人たちが裕福な男性でないという理由だけで、社会の多くのメンバーから政治的自由など本質的な権利を奪うことはあまりにも不条理であるが、そうなってしまったのは、自然状態が、契約自体は仮定の話ではあっても、具体的な個人と社会の状況を前提にしていたからである。

ロールズからすれば、これら個別的な事実は「道徳的に」適切でない知識である。「道徳的に適切でない」とは、道徳的に正しい原理原則を導く際、「手続き的」にも、原理原則の「中身的」にも、公平でないという意味である。ロールズは、オリジナル・ポジションの下にいる人びとは社会的・歴史的状況を知らないと想定することで、契約時点での不公平な権力の格差を取り除こうとした。

自分自身や社会のなかにいる他人のことをまったく知らなければ、だれも他人の弱点を突いて自分に有利な制度にすることはできなくなる。オリジナル・ポジションという装置は、このように完全に公平な手続きと原理原則の内容を導くために必要不可欠な思考実験である。

改めて、オリジナル・ポジションでは、どんな知識が除外されるべきなのだろうか。オリジナル・ポジションでは、自分自身と、社会のなかにいるほかのすべての人たち、社会の歴史的・文化的環境などの具体的な知識が取り除かれなければならない。社会に関する知識には、天然資源の量や社会全体としての富の大きさ、人口規模が含まれる。ロールズによれば、社会の基本構造のための原理原則を決める際、これらの知識は不必要であるとともに、かえって公平な決定をゆがめるため、不適切である。

オリジナル・ポジションの下にいる人びとは、一般的な事実として、世のなかに性別や人種や宗教や富というものが存在していることは知っている。しかし自分がどの性別なのか、どの人種なのか、どの宗教の信者なのか、自分がどれくらいお金持ちなのか、ということについては一切知らない。

これらは自分自身に関することである。社会の具体的な歴史的・文化的状況についても無知でなければ、やはり決定は公平でない。たとえば自分がどの人種であるかは知らないが、いまの社会の人種ごとの相対的な力関係については知っているとしよう。人種別の大学進学率の差や、人種別の大企業就職率の差や、人種別の給与や生涯賃金の差などである。そしてその社会の人種構成、すなわちどの人種がどれくらいのパーセンテージを占めているか、という数字も知っているとしよう。ここで白人の占有率が八〇パーセントだったとすると、白人に有利な制度にすれば、八割の確率で自分は成功者になるかもしれない。これは、白人に有利な制度を選択させる、強い動機になりうる。

これでは公平な手続きでないし、結果として出てくる原理原則も公平なものにはならないから、ロールズは、政治的平等性や市民としての権利には無関係な人種、性別、宗教などをオリジナル・ポジションの下にいる人びとが持つべき知識から削除した。

オリジナル・ポジションの下にいる人びとが、個々人に関する個別の事実についてはまったく知らずに、全員に共通する一般的な事実だけを知っているということは、すべての人が同じ知識を持っていることを意味する。ということは、オリジナル・ポジションの下にいる人びとは、自由で平等な道徳的人間として完璧に同じ状態にある。

オリジナル・ポジションの下にいる人びとは人間に共通する一般的事実は知っていると述べてきたが、ロールズが人間に固有な能力として挙げるのが、「理性的であること」と「合理的であること」のふたつから成る「モラル・パワー」（道徳的能力）である。

そして人間であれば全員がモラル・パワーを具えているというのが、この一般的事実のトップに位置づけられる。すなわちオリジナル・ポジションの下にいる人びとは、人間はモラル・パワーを有しているという点で完全に平等である、ということを知っている。言い換えれば、モラル・パワーが平等の基礎と見なされる。このようにオリジナル・ポジションは、道徳的人格として、人びとが平等であることを図式化したものである。

ここまでおつき合いいただいて、「これほど個別の知識を取り除いてしまったら、むしろ決定などできないのではないか」という疑問が思い浮かぶであろう。われわれは自分の価値観を知らずに合理的な選択などできるのだろうか、ということである。合理的選択は通常、ある目的のために効果的な手段を選ぶことであり、目的は価値観だからである。

オリジナル・ポジションの下にいる人びとは、社会的基本財をたくさん欲しいし、モラル・パワーを磨いて、より高い段階に到達したいと考える。これだけの願望さえあれば、合理的選択は充分可能なはずである。自分の社会的基本財をできるだけ多くし、自分のモラル・パワーを鍛えるための資源をたくさん得たいと考えるだけで、適切な手段は選べるのではないだろうか。だから個別の価値観を知らずに「人間なら、これを求めるだろう」という一般的な知識だけで、原理原則を吟味することはできる。

さらに言えば、ここでオリジナル・ポジションが思考実験であることを再確認したい。だれもが、決定は公平でなければならない、という点では一致するのではないだろうか。オリジナル・ポジションは、社会の基本構造を定める原理原則を選ぶ際に、道徳的に適切な要因と道徳的に不適切な要因とを区別するための道具である。

だからロールズに対して向けられる批判の多くに、オリジナル・ポジションの非現実性がある。現実に再現することはできないからオリジナル・ポジションに意味はないし、ゆえに、そこから出てきた「正義の二原理」にも拘束力はない、という議論である。正当な反論ではあるが、オリジナル・ポジションの目的は現実的な選択状況を再現することではなく、公平な決定に至るための道筋を描くことである。そもそもロールズは現実的な主張をしているわけではないし、本人もそれがわかっているから、この手の批判の多さに困惑していたのではないだろうか。

オリジナル・ポジションの下にいる人びとが知っているべきこと、知っていてはならないことを「一般的な事実」と「個別的な事実」としてきたが、一般的な事実のなかに「正義の環境」というのがある。社会的な協力関係を可能にし、必要にする条件のことである。ロールズはこれをさらに「客観的」な環境と「主観的」な環境に分け、前者を人間に関する物理的な事実とし、後者を心理的な傾向としている。

客観的な環境には、精神的・物理的な大まかな類似性（ＩＱが三〇〇の人がいなければ、身長三メートルの人もいない）、資源が比較的希少であること（全員が満足できるほど多くはないが、協調すれば、全員がある程度は得られる量）が含まれる。

主観的な傾向には、すでに論じた限定的な利他性がある。人間が完璧に慈悲深く、自分のことと同じくらい他人の幸福のことを気にしていれば、そもそも社会のルールなど必要ないであろう。われわれが見ず知らずの人よりも、自分自身や家族・友人の利益を考えることは当然である。しかしこのことは、人びとの利害が衝突することを意味する。

「正義の環境」の主観的側面には、加えて人間の知識・思考・判断力・経験に限界があり、差があることも含まれる。このことで、人によって物の見方に違いが生じ、人生の合理的な計画も異なり、宗教的・哲学的・道徳的観点も変わってくる。これはうまく調停しないと紛争につながりかねないから、その点で「正義の環境」は、社会的協力を可能にする条件であると同時に必要とする条件でもある。

オリジナル・ポジションの下にいる人びとは、個別的な事実を知らずに一般的な事実のみにもとづいて原理原則を比較検討しているが、ロールズは、原理原則は三つの条件を充たしていなければならないとしている。「対立する主張の順位づけ」「公衆に知れ渡ること」「適用の普遍性」である。

「順位づけ」条件によると、原理原則は意見の対立を解決し、それぞれの主張に優先順位をつけなければならない。社会のなかに意見の対立が残ったままだと紛争が起こり得るから、原理原則は各意見に、全員が納得するような序列をつけなければならない。

「公衆に知らせる」という条件は、選ばれた原理原則については、社会のメンバー全員が知らなければならず、それが社会の基本構造のあり方を決定するということを周知徹底させなければならない、ということである。これは、人びとは社会的・政治的関係について間違ったイデオロギーを植えつけられてはならない、ということを意味している。原理原則に「嘘も方便」はなく、公衆に知らせることは、人びとに対して自由で平等な市民としての敬意を示すことである。

人びとは、原理原則が現実の社会的・政治的関係の基礎にあるから、その中身を熟知していなければならないし、仮に人びとをだますことで社会的協力関係が促され平和に暮らせるようになるとしても、人びとは原理原則の内容を知らなければならない。

とはいえ、正義の二原理が採択されれば、右の「仮に人びとをだます」以下は不要であるから、このただし書きには意義はないが、ロールズは説明の仕方として「公表しないほうがよい結果がもたらされるとしても、すべてを公表しなければならない」と述べている。それは「公表される」という前提があることで、嘘をつかなければ平穏が保てない原理原則ではなく、正義の二原理が選択される、という議論につながっていく。

これと関連するのが「普遍性」条件である。これは、原理原則はあらゆる人に適用されなければならない、ということを意味すると同時に、人びと自身が原理原則を理解して、それにもとづいて社会関係を築いていかなければならないことでもある。この条件が必要であるのは、あまりにも複雑な原理原則ではよくないことと、原理原則は人びとに共通する道徳的な常識をふまえていなければならないことを示すためである。

「公表性」「普遍性」のふたつの条件は、一見、当たり前に感じられるかもしれないが、功利主義によると、道徳や正義に関する真実はあまりにも複雑で物議をかもすので、一般大衆の意識から隠しておいたほうがよい。社会に秩序を与えるためには、だれかに犠牲を強いて、その人の利益にならないことを実行してもらわなければならないので、真実を伏せているほうが社会はまとまるかもしれない。また、人に道徳的行為をお願いする時、背後にある原理原則を教えないほうが抵抗なく遂行してくれるかもしれない。

ロールズの正義論が「公正（公平さ）としての正義」である理由は、ここにも表れている。人びとが自由で平等な人格であるならば、人びとは社会関係の本質と基礎について間違った見方をしてはならない。間違った見方を植えつけられて行動させられることは、理性的で合理的な道徳的人格の自由が妨げられたことになる。自由とは、熟知の上に熟考して、真実を知った上で精査して行動を決める資格のことだから、その人をだますことはその人の固有の権利を侵害したことと同等である。

ロールズがさらに課す条件は、原理原則とそれが創り出す社会的協力関係が「安定的」なものでなければならない、というものである。これは第5章で詳しく検討することになるが、重複も含めて、ここで簡単に考察しておきたい。

安定性とは、社会が不変であることではなく、社会の変化は不可避であるから社会が変化しても社会的協力関係を秩序づける原理原則への忠誠心が維持されることである。また、仮に経済危機・戦争・大災害で社会的な動揺が起こり一時的に社会が正しい状態から離れたとしても、人びとの原理原則を守る意志が固ければ正義は回復される。

ロールズにとって「安定性」という条件が重要なのは、それが原理原則の受容性のテストになるからである。原理原則が人間の本性、道徳心理、社会・経済制度の一般的事実と合致していて、人間の「善」を実現させるならば、その原理原則は安定的である。

原理原則が安定的であるためには、人間の本性につきまとう限界をふまえた上で、その原理原則が実現可能でなければならない。人間が合理的であるならば、利他性を要請する原理原則は実現不可能ということになる。

さらに安定性は、人びとの積極的な支持を背景に社会が永続していくことを前提にしている。人びとは意識して、自覚して、社会を支え維持しようとしなければならないし、それは正義の感覚にもとづいて、その社会を肯定していることであり、関与していくことである。そうしないと社会は崩壊してしまうが、ロールズは崩壊を防ぐような原理原則が採用されると述べている。

原理原則を比較検討する際、オリジナル・ポジションの下にいる人びとは「相対的安定性」を考慮しなければならない。人びとは正義の環境という条件の下で達成可能で持続可能な社会的協力関係を築くことになるが、どの原理原則ならそれができるのかを考えている。どの原理ならわれわれは快く従えるだろうか、どの原理なら文化的な変化に耐えられるだろうか、もし経済危機で原理原則に疑念が持たれてしまったら正しい状態を回復することはできるだろうか。

このような熟考から出てきた原理原則は「正しい理由」で採用されたことになる。力による不承不承の受け容れによって社会は秩序を保てるかもしれないが、それは「道徳的に正しい理由」による秩序ではない。「正しい理由」の安定性は、人びとの「理性的である」モラル・パワーと正義の感覚によって承認された原理原則が創り出すものでなければならない。ロールズは、正義を見分ける道徳的能力を、社会的存在としての人間の本性の中心的要素と見なしている。

ロールズは、正義の理念によって人びとは社会的交流を可能にする能力を開拓できると述べている。さらに、正義の理念によって人間は協力的な社会的存在になることができる。このように、正義の理念は個人の利益を促進するだけではない。道徳的能力や道徳的感性を発揮させることで、道徳心理を伸ばすことにもつながる。

ここからも、ロールズが理想の人間像を想定して、それを基礎に社会関係を論じていることが理解できる。ロールズはすべての議論の根底に、自由で平等な道徳的人格としての人間という理想像と、そしてその人間観と整合的な社会関係という理想像を置いている。ロールズの正義の二原理は、これら人間と社会の道徳的理想像を実現するために描かれたものである。

この人間像のなかには「善」も含まれるが、安定性は、原理原則は人間の「善」と合致していなければならない、という条件をも課している。ロールズは「正しいこと」と「善」とでは、「正しいこと」が優先すると考えているので、道徳的な原理原則は「善」を最大化するものではない、と述べている。原理原則は、人間の「善」という理念とはまったく別のところから引き出されてくる。原理原則は、自由で平等な人格という理念と、「正しい」という概念から来る道徳的制約から導かれなければならない。

ただし、それでも正義の理念は人間の「善」と両立し、合致していなければならないし、「善」を推し進めなければならない。もし原理原則が多くの理性的な人びとに対して、それぞれの「善」の追求を止めて他人のためだけに尽くしなさい、と強制するならば、その原理原則は否決される。人間には「理性」と「合理性」のふたつのモラル・パワーがあり、そのふたつを満足させる原理原則がオリジナル・ポジションの下で採択される、というロールズの論理展開がここにも表れている。

オリジナル・ポジションという考え方は、公平な条件の下で、合理的な選択をするための状況を示したものである。オリジナル・ポジションの下にいる人びとは、自分の利益を効率的に増やしてくれる原理を選ぶという意味で、合理的である。この「自分の利益」は、自分の「善」を追求するために必要な社会的基本財を獲得することである。

すでに述べているように、人間は本性として、ふたつのモラル・パワー(道徳的能力)を具えている。正しいことを見分ける「理性的であること」と、自分の目的を成し遂げるための手段を見極める「合理的であること」である。だからオリジナル・ポジションの下にいる人びとは本来的に理性的であり正義の感覚を持っているが、原理原則を比較検討する際は、純粋に「善」のみを判断材料にして決定する。

「理性的であること」と「合理的であること」のふたつの能力を兼ね具えているということは、彼らが社会のなかで自分の「善」を実現しようとする際、正しい法律やその他の道徳的制約を理解し、それらに従うことができる、ということを意味している。

とはいえ、オリジナル・ポジションの下で熟考する人びとは、道徳的意識や、他者への思いやりに動かされることはない。その能力はあっても、それを判断基準にはしない、ということである。オリジナル・ポジションの下にいる人びとは、お互いには無関心である。利己的に聞こえるが、オリジナル・ポジションの下にいる人びとは、あくまでも自分の利益のみを考慮して原理原則を選ぶ。ただそれが「正しい」原理原則になるのは、決定が「公平な」状況でなされるからであって、公平な状況であれば、人びとは自分の利益のことしか考えなくても、正しい原理原則に到達する。

第4節　失点を小さくする選択

オリジナル・ポジションの下にいる人びとは厳格に公平な状況設定の下、厳格に合理的でお互いに無関心であるが、決定は、未来が不確実な状態でなされる。将来の自分がどうなるか、まったくわからない時、われわれはどのような決定の戦略を採るのだろうか。ロールズが出してくるのが「マクシミン」である。

この用語はなんとも訳しようがないので、名称は単なる記号と見なして、中身を理解し覚えていただきたいが、いろいろな選択肢が与えられた時、最悪の結果が最も小さくなる案を採用する、ということである。安全策に徹する、という意味である。

たとえば株に投資をする際、ふたつの株が目の前にあるとしよう。ひとつめは、上がったら大儲けできるが下がったら大損するギャンブル性の高い変動の激しい株である。もうひとつは、上がった場合にはそんなに大儲けはできないが、下がった時には元金くらいは戻ってくる安全な株である。

「マクシミン」は「最小（ミニマム）を最大化（マクシマイズ）する」という英語を縮めたものである。最小はここでは失点の意味で、負けた場合の得点を大きく（失点を小さく）する、ということである。これと反対の戦略が「マクシマックス」である。これは「最大（マックス）を最大化（マクシマイズ）する」ということで、得点が多くなるほうの選択肢を採用するという意味である。株の例で言えば、マクシマックスは前者のギャンブル性の高い株を選び、マクシミンは後者の安全パイを買うことになる。

もう少し具体的に説明しよう。前者の例は新規参入のベンチャー企業の株で、その会社の新製品が当たれば株は急上昇するが、事業が失敗したら大暴落して投資金額のすべてを失ってしまう。後者の例は老舗の企業の株で、これ以上の市場の拡大は見込めないが、中核的な顧客が固定しているため長期的な売り上げは安定的に推移するものと見られている。だから大当たりがない分、大外れがないから大損しない。

ロールズによると、オリジナル・ポジションにおける決定は、人生の行く末を左右するほど決定的に重要であるため、人びとが功利主義と正義の二原理のどちらかに決めるよう選択肢を与えられた時、「マクシミン」戦略を採用することが合理的となる。

功利主義は「最大多数の最大幸福」のことで、「最大幸福」のために、一部の市民の自由と権利が侵害されるおそれがある。一方、正義の二原理では、自由と権利を含む社会的基本財はみんなに平等に分配されるから、自分が奴隷の地位に陥れられることはない。どんな状況になろうと、自由と権利は保障される。

こういうことがわかっているオリジナル・ポジションの下にいる人びとは、マクシミン戦略にもとづいて正義の二原理を採択することになる。功利主義のほうが「最大幸福」の分、GDPなど経済統計の面では裕福であろう。だからその社会において成功者になれば大儲けできるが、失敗者になると悲惨な人生に甘んじなければならない。

われわれの日常感覚からすれば、なぜ全員がマクシミン戦略を採用するのか、よく理解できない。マクシマックスにするかマクシミンにするかは、「必ずみんながそれを採用する」というような普遍性のある心理傾向ではなく、個々人の性格によって変わるものと思われている。ある人はギャンブル好きだし、別の人は安全策に徹するであろう。

ロールズは、オリジナル・ポジションの下では、人びとは必ずマクシミンを採用するから正義の二原理が選ばれる、と述べている。なぜそこまで言い切れるのだろうか。それはオリジナル・ポジションの下での決定が、特別だからである。一回限りで、やりなおしのできない決断だからである。

オリジナル・ポジションにおける選択は、社会が始まる前に下す、これからの社会のあり方を決めてしまう、後戻りできない判断である。一度社会が始まってしまうと、もう元々(オリジナル)の状況には返れないから、「しまった、別の選択肢にしておけばよかった」と後悔することのできない、一生で一回だけの重大な瞬間である。

オリジナル・ポジションの下で比較検討される原理原則は、社会の基本構造を定めるルールである。原理原則が決まり社会の基本構造が築かれると、そこから具体的な憲法、法律や、そのほかの社会制度の姿が明らかになってくる。社会は、人びとが協力し合って、それぞれの「善」を達成する集団である。その制度がどうなるかによって自分の「善」が追求可能かそうでないかが決まるため、原理原則を選ぶことは、自分の人生を左右する。

だから慎重の上にも慎重を期して吟味しなければならない。

ロールズの主張するところでは、オリジナル・ポジションにおいての選択には独特の重要性があるため、人びとはマクシミン戦略に従って正義の二原理にするはずである。オリジナル・ポジションにおける選択の独特の重要性とは、その決断の重さであり、一度決まれば、再交渉も、熟慮のやりなおしもできないという事実であり、その選択によって自分の未来の見通しも、将来与えられる人生の選択肢や生活環境も、すべて決まってしまうという絶対性である。

というのも、仮に自分個人にとってよくない状況に陥ってしまったとしても、正義の二原理が採択されていれば、平等な自由が確保され、公平な機会の平等が保障され、格差原理によって最低限の生活保障が維持されるため、充分な社会的基本財を得られるので、自分の「善」を追求し続けることができるからである。反対に功利主義では、そのような安心できる社会保障的な制度は整っていないので、失敗した時には本当に恐ろしい結末が待ち受けていることになる。

ここから自然に思い浮かぶ疑問は「ロールズの想定する人びとは、リスク回避型ではないか」というものである。ロールズはこれに対して、オリジナル・ポジションの下にいる人びとは、リスクや不確実性を嫌う特別な心理的傾向はない、と否定している。むしろオリジナル・ポジションのような例外的に特殊な選択環境の下では、合理的な決定をすることがリスク回避のように見える、ということである。現実でも、生命保険や、医療、住宅、自動車など各種保険を買うことは、同様に「リスク回避」ではなく「合理的」となるのではないか。オリジナル・ポジションはその拡大版だと思えばよい。

ロールズはとくに、良心の自由について、マクシミン戦略が意義を持つと考えている。ロールズによると、功利主義を選んで、お金のために自分の宗教的・哲学的・道徳的信念を放棄する人は、良心の自由の本当の重要性をわかっていない。宗教的・哲学的・道徳的信念は人生に意味を与えてくれるのであるが、このような信念をしっかり持っている人は、良心の自由を取引するとか、お金と引き換えにすることはない。

ここでもロールズが特定の人間観にもとづいて、理論を築いていることがうかがえる。人間はこれほど、宗教的・哲学的・道徳的信念を抱いているのだろうか。そしてそれが人生に意味を与えているのだろうか。こういう人は非現実的なほど精神が強く、知的にも優れているのではないだろうか。快楽主義者ならば、あっさりと良心の自由を放棄して、お金と物質的な豊かさのほうを選ぶのではないだろうか。

ロールズはこの手の批判に対しては、改めて、決定はオリジナル・ポジションの下でなされることを指摘する。この状況では、人びとは自分個人の好みや精神的傾向についてはなにも知らない。だからオリジナル・ポジションで問題になるのは、人間が本来的に具えている、根源的で、みんなに共通する精神的・心理的傾向である。

ロールズは、人間は生得的にふたつのモラル・パワーを持っている、と考える。これが具体的な社会環境によって弱くなると、快楽主義者のような人が現れてくるかもしれないが、このような情報はオリジナル・ポジションでは与えられないので、「快楽主義者の場合は、どうなるのか」という疑念は単なる揚げ足取りであって、正当な反論ではない。

オリジナル・ポジションの下にいる人びとは、自分自身に関する個別的な事実を知らず、だれにでも共通する一般的事実のみにもとづいて原理原則を吟味する。だからオリジナル・ポジションの下にいる人びとは、みんな同じ状態であり、完全に平等である。このような仮説的な人びとが全会一致で合意することが、オリジナル・ポジションの重要なポイントである。

ロールズがその系統に属している社会契約論は、このような仮定的な状況で、人びとが「契約」するという発想にもとづいている。「契約」という概念が必要であるのは、「みんなが受け容れる」ということを表すためであり、「みんなが、他人も受け容れていることを知っている」ということを示すためである。

「みんなが受け容れて」かつ「みんなが、他人も受け容れていることを知っている」という条件はとても大事で、これが社会の安定性を保障する。ここでも「安定性」という概念が登場してきたが、それはロールズが上からの力に頼らない「秩序ある社会」の構築を目指しているからである。そして安定性を創り出すのが、「正しいこと」と「善」との一致である。つまり正義という道徳的理念が、人間に固有な心理的傾向と人間社会の本来的なあり方と整合的であることが安定性の条件であり、自由で平等な人びとが原理原則に関して全会一致で合意することが、秩序ある社会の条件である。

ロールズは秩序ある社会の特徴として、次の三つを挙げる。第一に、すべての人が同じ原理原則を受け容れ、みんなが受け容れたことを全員が知っている。第二に、この原理原則に従って、社会の法律と制度が創られる。第三に、すべての人には正義の感覚が具わっており、それによって正しい原理原則を嗅ぎ分けられる。このような前提を置くことで、すべての人びとがみずからの自由意志で積極的に社会の基本構造を築いて、さらには自分の性格と価値観を形づくる原理原則を選ぶことが保障される。

安定性の条件によれば、オリジナル・ポジションの下にいる人びとは、秩序ある社会において、実現可能、かつ永続可能な原理原則を採用する。この条件は、人びとに道徳的な動機が具わっていることが前提になっている。原理原則は、単なる利己的な人びとの暫定協定であってはならない。「実現可能性」と「永続可能性」という条件によって、このような暫定協定は除外される。これらふたつの可能性が充たされないと、その社会は、自由で平等な人びとによる合意にもとづく安定性を維持することができなくなるからである。

この安定性の概念は、先に挙げた「公表性」と、「自分を価値ある存在」と見なすための社会的基盤とつながる。オリジナル・ポジションの下にいる人びとは、功利主義と正義の二原理というふたつの原理原則を提示されて、一般的事実にのみもとづいて、どちらを採用するのかを熟考する。この時「公衆に知れ渡る」という条件を入れると功利主義への賛同がなくなる、というのがロールズの立論である。

公表性の条件によると、秩序ある社会の特徴は、原理原則が公衆全体に知れ渡っており、その原理原則が法律を決め諸制度を正当化する根拠として認知されていることである。この条件が充たされていないと、その原理原則は人びとに拒否される。ロールズによると、公表性の条件によって、正義の二原理のほうが功利主義よりも安定性が確保できる。というのも「最大多数の最大幸福」ということは、自分が貧しい階層に入ってしまったら大損するということだから、功利主義は低所得者に否決される。オリジナル・ポジションでの決定は全会一致でなければならないから、結果として、功利主義は採用されない。

功利主義の下では、最大幸福は貧しい人たちの犠牲の上に成り立っている。お金持ちがもっとお金持ちになれば全体の数字は上がるけれども、貧富の格差が異常に広がってしまう分、金銭格差が権利の格差を生み出し、貧しい人たちの自由と権利の大きさがお金持ちのそれらよりも小さくなる。貧しい人は一生この状態に甘んじることはできないから、最初の時点（オリジナル・ポジション）で功利主義を拒否することになる。

公表性の条件は「自分を価値ある存在」と見なすための社会的基盤とも関係する。原理原則を比較検討する際、結末について公衆が知るところになれば、その原理原則が自信を与えるのか、言い換えれば、生きる動機を与えるのか、ということを考慮するようになる。この生きる動機は「自分を価値ある存在」と見なすことであって、そう思えれば、生きる意欲を持ち、人生に前向きになり、社会に率先して関与できるようになる。

ロールズは、ここで「自分を価値ある存在と見なすこと」つまり「セルフ・エスティーム」や「セルフ・リスペクト」を最も重要な社会的基本財と捉えている。社会的基本財は、自由と権利、パワーと機会、所得と富、「自分を価値ある存在」と見なすための社会的基盤であるが、ロールズは、ほかの三つは「自分を価値ある存在」と見なすための社会的基盤の手段であり、道具であると示唆している。功利主義の下では、貧しい人たちは尊厳を踏みにじられるわけであるから、彼らをそういう状態に追い込みかねない原理原則は、最初の時点で拒絶しておくことになる。

第４章　正義を実現する制度

第1節　『正義論』との出会い

「まえがき」で、本書には三つの目的があると書いた。わかりやすいロールズ正義論をお届けすること、『正義論』を哲学書として読みなおすこと、ロールズを擁護することである。じつはこのなかで、私が最も重視しているのが二番目の哲学書としての『正義論』である。

同じく「まえがき」で、ロールズが「哲学者」であることも書いておいた。ロールズはれっきとしたハーバード大学「哲学部」の教授であった。

しかし、これは私だけの感覚かもしれないが、日本では『正義論』が政治・経済の文脈で語られてきたのではないだろうか。『正義論』の原著は一九七一年に出版されたが、最初の日本語訳が出たのは一九七九年である。これは経済学者が「監訳者」で、複数の翻訳者による共訳であった。

実際、『正義論』は主に法学、経済学、ゲーム理論で採り上げられ、批判されてきた。もちろん哲学書だから、英語圏では哲学者も『正義論』の論争に参加してきたが、とくに日本では経済学で扱われることが多かった。

個人的な話をすると、私は、学部生の時は「文学部」に所属していたが、専攻は「人間科学」という科学哲学、理論社会学、文化人類学、社会心理学を中心とした「学際的」研究に携わるところであった。だから、この学科では「ロールズ」の名を聞くことも、「正義」について考えたこともなかった。

同じ文学部だから、哲学科の講義を受けることはできたので、単位稼ぎに出てみたが、いま想い起こすと「政治哲学」という科目はなかったような気がする。日本の哲学科は大陸哲学の影響を受けているため、カリキュラムもドイツ・フランス哲学が中心であったから、「古代ギリシア」「デカルト」「カント」「ヘーゲル」という演習はあったが、「ロールズ」の輪読会はなかった。

その後、大学院では「政治学」を専攻した。ここでロールズが登場するが、これも意外なことに「政治哲学」の講義やゼミではなく、「政治経済学」の文脈であった。

「政治経済学」には、ふたつの意味があると考えられる。ひとつは政治現象を経済学の方法で分析する立場であり、もうひとつは政治と経済の連関を考察する分野である。

前者は、人間が自己の利益を追求する主体ならば集合行為はどうなるのかを探り、後者は「公共経済学」のように、財政や政策の経済効果を論じるものである。ロールズは両方の政治経済学で登場するが、それでもかなり端のほうの脇役であった。ここでやっとロールズ正義論に出会うことになるが、自分の中心テーマになるとは考えていなかった。

私はいま述べたように、大学院の五年間は政治学専攻で過ごしたが、哲学への憧れが枯れることはなかった。おそらく、原点は学部時代の科学哲学だったのであろう。

ただ、これは科学と非科学の線引きをする「科学方法論」とは異なり、科学的成果を哲学的に解釈する学問とお考えいただきたい。だから、いまでも数学は大の苦手であるが、それでもドイツ語やフランス語を勉強するよりも、微分方程式を写経するようにノートに書いていくことのほうが性に合っている。

もう一度、日本で哲学の大学院に入りなおすことも考えたが、第二外国語が悲惨なほどできなかったので、海外に活路を見出した。本来なら、野心満々で「一流の大学を目指した」と豪語したいところだが、性格上、面倒くさがり屋のため、一番楽な方法で留学できないか、つまり英語の試験を受けなくても入れるところはないか、と都合のいいことを考えながらブラブラしていて、何気なくブリティッシュ・カウンシルの留学説明会に行ってみた。

自分で言うのもなんであるが、まあまあ少しは私の英語が通じたのと、日本で単位取得程度とはいえ、博士課程まで行ったということで、イギリス人の説明者は「いますぐ、ここで申請書を書きなさい」と言わんばかりの勢いで私を勧誘してきた。それが「ユニバーシティ・カレッジ・ロンドン」(UCL)であった。

イギリスの大学と言えば、オックスフォード大学とケンブリッジ大学が有名であるが、前者は一二世紀に、後者は一三世紀初めに設立された。これらは貴族が通うところだったから、イギリスでは長い間、平民は大学で勉強することはできなかった。

それを変えたのが、一九世紀に創設されたUCLである。功利主義哲学者のジェレミー・ベンサムが建学の父と言われているが、実際、ベンサムの自己標本が大学に飾られている。

ケンブリッジ大学は二〇世紀の前半から半ばにかけて、ムーア、ラッセル、ヴィトゲンシュタインを擁する哲学の聖地であったが、伝統的には、オックスフォード大学のほうが古典・歴史・哲学では最高峰である。ケンブリッジの哲学がその後、精彩を欠いた分、哲学において全英第二位を誇ったのがUCLである。偶然とは言え、「こんな優れた大学に入れてもらえるのか」と感激するくらい、幸運な出会いであった。

私は一九九六年から一九九八年にかけて、ＵＣＬ哲学部に「遊学」させてもらい、さまざまな講義・セミナーを聴講したが、これは自分の人生にとって最高の宝であった。そしてここで、正面から哲学書としての『正義論』と向き合うことになる。

ただ、いろいろな点で私に足りなかった点があり、充分に活用できたのか、と問われれば、無駄は多かった、と答えるしかない。

やはり、英語ができなかった。これは、試験で高得点を取ることと哲学で議論することとのあいだにおそろしく大きなギャップがあった、ということである。

先ほどの話に戻れば、ブリティッシュ・カウンシルに来ていたＵＣＬの事務の方の勧めで願書を出し、事前にＵＣＬ付属の語学学校に通うことを条件に留学許可を得た。半年後にＩＥＬＴＳ（アイエルツ）と呼ばれる英語検定試験に合格し、正式な入学となった。

要するに、この時点で私は「試験」のレベルでは、充分な英語力を身につけていたはずであった。しかし第一回講義から、教授・レクチャラーの言っていることが、ほぼすべて完璧に理解できなかった。二〇年の時を経て、いま振り返ってみると、哲学するための英語力には、三つの条件が必要であった。

第一に単語力である。これは単なる数だけではなく、哲学用語に慣れることである。このことは、たくさん哲学書を読んで、日常用語が専門書ではどう使われるのかを、からだで覚えていくしかない。

第二に文法力である。これは構文がどういう意味であるのかを解釈する力である。哲学書は学術書だから、かなり形式的な書き方をしている。格調の高さと言ってもよい。だから、相当な読解力がないと、たとえば倒置の意味が仮定法なのか強調なのかを把握することができない。

第三に哲学力である。これは、私にとっては、その後二〇年経って、やっと少し自信を持つことができるようになったことである。つまりUCLの二年間は、その後の二〇年間、同じ勉強をし続けてきたことでやっと報われた、ということである。

これは英語圏の哲学特有の思考法に慣れることである。先ほど、日本の哲学はドイツ・フランスの影響下にあると述べたが、素人が言うのもおこがましいが、大陸哲学は「体系」を重視するような感じがする。ひとつひとつ細かい概念の論証ではなく、もちろんひとつひとつを丁寧に説明するものの、大陸哲学で大事なのは、個々の諸概念の関係性とその結びつきによって出来上がった壮大な世界観であろう。

この視点から見ると、英語圏の哲学を「分析哲学」というが、これがちまちました学問であることがわかる。しかし私には、この「ちまちま」しているくらい、ひとつひとつの概念を吟味して徹底的に精査して磨きをかけていくことのほうが好みである。

分析哲学には大きな体系などはない。ひとつの言説（命題）が正しいかどうかを、論理と経験的証拠を用いて論証することが中心的な営みとなる。

当時の私には、このスタンスがまったく理解できておらず、からだに染みついていなかった。だから（日本の大学院で学んだ）中途半端な社会科学の知識と、（学部の時に哲学科の授業で聞きかじった）初歩的な大陸哲学の印象だけで判断していたため、分析哲学の流儀を身につけないまま二年間という大切な時間（とお金）を浪費してしまった。

ただ幸いなことに、雪辱というわけではないが、その後の二〇年間、分析哲学の本に継続的に触れてきたおかげで、いまでは分析哲学にどっぷり浸かっている。

話がだいぶ外れたが、ここから話はロールズ正義論との出会いに戻る。なぜここまで説明してきたのかというと、それはロールズ正義論が分析哲学の産物だということを述べたかったからである。

言い訳になるが、私はいつもなにかを書いたり、話したりする際、必ず「自分にその資格はあるのか」と問うことにしている。だから、ここでも「私はロールズ正義論について本を出す資格はあるのか」と自問している。

というのも、私は「政治学」と「哲学」を専攻してきたが、「政治哲学」を研究してきたわけではないからである。ここには大きな溝がある。「政治学」は経験的な学問で、選挙、議会、行政、政策決定過程などの制度や意識を考察する学問である。

一方、私が主にUCLで学んだ哲学は「形而上学」「認識論」「心の哲学」であった。とくに当時の私は「心の哲学」に没頭した。これは存在論的には「心脳問題」と呼ばれ、身体の物理的な働きと実体がなく浮遊したような精神の作用との関係を探究する分野である。

これ自体は暇人の暇つぶしにもならないくらい「役に立たない」学問であるが、これを追究してきたおかげで、現代の人工知能（ＡＩ）の問題が理解しやすくなっており、いまはこの課題に取り組んでいる。要するに「人間の思考を機械に代替させることができるのか」という問いの背後には、「人間の思考に相当するものは、そのハードウエアに依存するのかしないのか」という問いが隠されている。

もし依存するのであれば、人間の思考はたんぱく質によってでしか実現しないから、人工知能（とくに汎用ＡＩ）は不可能ということになる。反対に、人間の思考がコンピュータにおけるソフトウエアに相当するならば、ハードウエアの性質に関係なく、条件さえ整えば機械で再現できる、ということになる。

このような「金にならない」問いに二〇年以上も関わり続けていると、ロールズ正義論も分析哲学の一分野として再読すべきだという気になってくる。すなわち、対象は「心脳」ではなく「社会」であるが、理論を構築するための概念には分析哲学全体で共通するものがあるから、徹底して論理的に考え抜くという態度だけを貫けば正義論もわかりやすくなるのではないか、ということである。

UCL在学中に驚いたことのなかに、ひとりの教員が複数の科目を担当していたことがあった。日本にいた時の常識で考えると、「形而上学」の講師が「道徳哲学」を教えることなど、まったく想定し得なかった。もちろんカントの専門家がカントの認識論とカントの倫理学を同時に教えることはあったが、それはあくまでも「カント学」の下位分野であって、「認識論」概論と「倫理学」概論を兼務することはあり得なかった。

しかしUCLでは、秋学期に「心の形而上学」(心脳問題)を講義していたレクチャラーが、翌年の春学期に「倫理学の基礎」を受け持っていた。

当時の私は「これでは、それぞれの中身が薄くなってしまうから、別々の専門家を用意すべきではないか」とひそかに心のなかで抗議していた。

だが、当時はいまよりも浅はかだった私は「形而上学」と「倫理学」は扱っているテーマこそまったく異なるものの、方法論はまったく同じであることに思いが至らなかった。ひとつひとつの概念を徹底的に熟考し、可能性の限界まで論理的に突き詰めていくという分析哲学の方法論が身につけば、じつは個別テーマの内容に関してはそれほど時間をかけなくても勉強はできる。むしろ一生「倫理学」だけを研究してきた学者には見えないことが、形而上学を兼任している教授には把握できるようになる。

実際、分析哲学者のなかには、存在論から道徳哲学までを縦横無尽に行き来する専門家が多い。ロールズは徹頭徹尾「政治哲学」と「倫理学」の研究者であったが、ロールズと長年議論してきた同僚のなかには、法哲学者だけでなく、論理哲学者や数理哲学者などもいた。「数学的論理」の大家の一〇年以上にわたる激励と批判が役に立ったと、ロールズは『政治的リベラリズム』(初版一九九三年)の序言に書いている。

本書を、このような背景から書いていることにご留意いただいた上で、ロールズ正義論の次の課題に移りたい。

第2節　正義にかなった制度の四段階

正義の二原理にはふたつの役割がある。ひとつは理想を提供すること、もうひとつは現実の法律や政策が正義にかなっているのかを評価する基準を提供することである。簡単に前者について述べると、自由な社会では、宗教や哲学の教義で社会をまとめることはできないから、正義の二原理によって人びとを団結させる、ということである。

本章は、後者のほうの具体的な制度について扱う。正義の二原理を現実社会で具体化するためには、どんな政治・社会制度が必要なのか、という問いである。さらには、正義の二原理のなかで民主主義はどう位置づけられるのか、正義の二原理はどんな経済政策や経済制度を支持するのか、ということも考察される。

すでに前章で検討したように、「オリジナル・ポジション」という根源的な状況において、人びとは功利主義と正義の二原理のふたつを提示され、それぞれの長所短所を精査して、どちらかを選ぶ。このレベルは「原理原則」の段階である。原理原則を決めると、今度はそれにもとづいて具体的な社会を築いていくわけであるが、原理原則レベルで想定される社会の姿をロールズは「社会の基本構造」と名づけている。

『正義論』では主に功利主義が正義の二原理の対案として提出されているので、本書でも功利主義だけを扱っている。いままで、この根本的な理念のことを「原理原則」と呼んできた。功利主義も、正義の二原理も、原理原則ということである。ロールズは原理原則を含め、現実の政策に到達するまで、四段階の序列を想定している。

原理原則を選ぶとそれが憲法の中身を決めて、憲法が決まるとそれが立法によって制定される法律の範囲が確定され、法律が決まるとそれを行政が執行し、司法が解釈し、市民がそれを義務として守る段階に来る。原理原則が第一ステージで、憲法が第二ステージで、法律が第三ステージで、執行・解釈・遵守が第四ステージである。

ロールズは、正義の二原理に、衝突する複数の主張を調整し対立を解決する能力があるために、オリジナル・ポジションにおいて、人びとは功利主義ではなく正義の二原理を選択する、と述べてきた。

第1章で説明したように、ロールズは「正義の二原理」と言っているが、実際は三つの項目を挙げている。「平等な自由」「公平な機会の平等」「格差原理」である。そして「公平な機会の平等」よりも「平等な自由」が優先され、「格差原理」よりも「公平な機会の平等」のほうが優先される、とも述べている。このようにロールズは、重要性を厳密に序列化することで、どの価値が優先するのか、という対立を解決しようとしている。

しかしそれでも、第1章で詳しく見たように「自由」と言っても中身はたくさんあり、複数の自由が両立不可能な時にどれを優先するのか、ということを明確にするのはむずかしい。ロールズは『正義論』で、たとえば表現の自由に対する妥当性のある制限について、抽象的な基準しか提示していない。しかしこれはロールズへの批判ではない。ロールズはあくまで「哲学」本を書いたのであって、ひとつひとつの個別事象へのコメントをしているわけではない。

『正義論』から離れて、「表現の自由」について考えてみると、表現の自由は金科玉条のようなもので、まったく手を触れてはいけないほど絶対に不可侵の権利なのだろうか。通常、混雑している劇場で、嘘で「火事だ」と叫ぶことは、「明白で、差し迫った危険」を誘発するため禁止される。

ロールズはこのような具体論には関わらないが、複数の自由の対立を調整する装置を、正義の二原理の第一原理に入れている。ロールズは『正義論』で第一原理を「すべての人は、諸権利と諸自由の充分に適切なスキームに対する平等な権利を有する。そしてこのスキームは、ほかの人びと全員の同じスキームと両立しなければならない」という文章から始めている。

この「スキーム」は「体系」という意味で、組み合わせのことである。ロールズは、諸自由は「充分に適切」に序列づけられた、ひとまとまりの「組み合わせ」と考えており、そのためロールズとしては「充分に適切」という言葉を入れることで複数の自由のあいだの序列問題は解決されたものとして、ひとつひとつを具体的な事例を使って優先順位について解説することはしなかった。

また、ロールズは別の文脈で、複数の自由の「重要性」について言及している。第1章と第3章で検討し、第5章でも考察するが、ロールズにとって「自由」はふたつの「モラル・パワー」を発揮するための条件である。だからモラル・パワーの活用にとって、非常に役立つ自由と、まあまあ役立つ自由、というように、重要性に差があってもよいであろう。この「重要性」が複数の自由に序列をつけることになる。

さらに、第2章で見たように、ロールズは「公平な機会の平等」を実現するために必要な具体策については、あまり述べていない。加えて、社会的基本財の完全なリストも揃っていないし、格差原理を議論する際、「最も恵まれない人」を所得と富だけで判断してよいのか、という疑問も残っている。

このようにロールズの理論のなかには漠然としたところ、あいまいなところ、不確定なところが見られる。くり返すが、これはもちろん、ロールズへの批判ではない。ロールズは「抽象的」な理論を提出することを目的にしており、もしわれわれがこれに賛同するならば、後はわれわれが具体策を考えればよい。この点でロールズを批判するのは、過度な要求である。とはいえ、具体化はわれわれの任務だとしても、そしてこのあいまいさをわれわれの手で解決するにしても、どの方向で解決するのかはロールズからヒントをもらうしかない。

ロールズ自身も『正義論』のなかで、原理原則や原理原則が導く制度について、不確定性があることを認めている。重要なことは、これはロールズ理論の欠陥ではないから、理論レベルで解決すべきことではなく、むしろ現実において、不確定性を解決する装置を考えておけばよい。これが民主的手続きである。つまり「政治的解決」を制度化しておけば、原理原則レベルのあいまいさは、現実の人びとの手によって解消されるということである。

これは一見、正義の二原理の欠陥であるように思われるが、ロールズによれば、功利主義にも漠然としたところ、あいまいなところ、不確定なところはあり、どちらかと言えば正義の二原理のほうがより確定的であるため、この点でも、正義の二原理のほうが功利主義よりも優れていることになる。

いずれにせよ、ロールズによると、しばしば原理原則ができることの最善のものは、意見の違いの範囲を狭めること、またはどの点で意見が異なるのかを明確にすることである。ロールズは、意見の相違を解決する原理原則の能力は、哲学者が期待しているほどには高くはない、と認めている。それでも、その限界のなかで、正義の二原理のほうが功利主義よりもいい仕事をしている、というのがロールズの主張である。

いまは原理原則が具体化される道筋について考察している最中である。原理原則が決まるのが第一ステージ、憲法が第二ステージ、法律が第三ステージ、執行・解釈・遵守が第四ステージである。そして原理原則の段階でも、すべての事案が確定的に解決されているわけではない、ということを追ってきたところである。

ここまで説明した後、ロールズは原理原則を具体化するための「決定手続き」について語り始める。それは第3章で見た「オリジナル・ポジション」を拡張していく作業である。第一ステージは原理原則を決める段階だから、オリジナル・ポジションの状況下にいる。これを少しずつ現実に近づけつつ、憲法、法律を決めていく、ということである。

第一ステージの原理原則の採択は第3章で充分に検討したので、次が憲法である。憲法は、完全なオリジナル・ポジションの状況ではないが、自由で平等な人びとの合理的な代表者が合意して決めるものである。この時点では、人びとは正義の二原理が採択された後であるので、正義の二原理に則って憲法を決めることになる。

原理原則の段階では、人びとは「合理的」な判断をすれば正義の二原理に辿りついたが、憲法の段階では、正義の二原理が規制しているので、もはや純粋に合理的な選択ではなくなる。もちろん「合理的」とは、自分の利益、すなわち「善」を最もよく実現できる手段を選ぶことである。

第二ステージでは、正義の二原理が、「合理的」ではなく「正しい」選択をすることを課しているので、オリジナル・ポジションの要件が少し緩和される。完全なオリジナル・ポジションの下では、人びとは社会の具体的な形態について、なにも知らなかった。しかし憲法を決める段階では、社会的・歴史的環境、経済発展のレベル、政治文化については知らされることになる。憲法を決める際には、これらの情報が不可欠だからである。

正義の二原理を実現するという使命はどんな社会でも同じであるが、歴史、文化、天然資源の量、経済の成熟度が異なれば、正義を具体化するための道筋は変わるであろう。この段階の人びとも、個々人の特徴（性格や価値観）については、まだなにも知らない。

第二ステージで憲法が制定されると、今度は法律の段階である。ロールズは、憲法の段階と法律の段階には、正義の二原理を構成するふたつの原理に対応する「役割分担」があるという。そのふたつとは、第一原理の「平等な自由」の部分と、第二段階の「機会の平等と格差」の部分である。

憲法の任務は、権利と平等な自由を明確化し、保護するための手続きを明文化することである。平等な自由という第一原理は、憲法の土台である。ということは、「公平な機会の平等」と最低限の生活保障を規定する第二原理は、憲法ではなく、法律のレベルで具体化されることになる。ロールズは、立法府において法律や政策を審議して採決する際、代議員を導くのが第二原理である、としている。

法律段階では、第二ステージよりも、より多くの情報が必要とされる。第二原理を実現するための最善の政策を決める際に、経済的事実、社会的事実のすべてが不可欠になる。とくに格差原理を特定の社会に適用するためには、社会環境や天然資源の量など、あらゆる事実が知られていなければならない。所得と富の分配を決める法律や経済政策の中身は、これらの個別的事実によって大きく変わってくるからである。

とはいえ、第三ステージでは、決定者は社会のメンバー全員ではなく議会を構成する代議員であるが、彼らは自分たち個人に関する個別的事実についてはまだ知らない。この点では、まだ部分的にオリジナル・ポジションにいる。

憲法と法律は、それぞれ正義の二原理の、第一原理と第二原理に対応すると述べてきたが、このことは格差原理が憲法に入らないことを意味する。ロールズは、格差原理が憲法の本質には含まれない理由を、いくつか挙げている。

経済政策は複雑な課題であるため、より多くの情報を必要とする。そのためには、オリジナル・ポジションの要件を緩めなければならないが、そうすると憲法の段階から外れてしまう。

また、経済政策、とくに格差原理をめぐっては、前のふたつ（平等な自由と、公平な機会の平等）に比べて賛否両論があって意見の対立があるため、立法段階に上げたほうがよい。原理原則は、オリジナル・ポジションという状況下での全会一致を前提としている。憲法ではオリジナル・ポジションの要件が少し緩むし、全会一致の要件も、第一ステージほど厳しくはない。しかしそれでも市民のレベルでの決定である。立法レベルは、「代議員」による決定である。格差原理には賛否があるため、市民レベルでの決定がむずかしい、ということである。

最後の第四ステージが、法律と政策の適用である。第一ステージの当事者がオリジナル・ポジションの下にいる人びと、第二ステージの当事者が部分的に制限が緩和されたオリジナル・ポジションの下にいる人びと、第三ステージの当事者が代議員であるのに対して、第四ステージの当事者は政府・裁判所・市民である。

この段階では、抽象的な原理原則は憲法・法律を通じて現実世界に降りてきて、特定の状況で個人や制度はどう振る舞わなければならないのか、ということについて明確な処方箋を提供している。この段階に至ってやっと、個々人は原理原則に従って具体的にどう行動すればよいのかを理解する。

原理原則は、社会の基本構造を決めるルールである。だから原理原則はまず社会制度のあり方を決定する。その具体的形態が、憲法・法律・政府・裁判所である。この段階まで来て、社会の具体的な形態が明らかになると、その社会のなかで生きる市民は、制度が個々人に要請する義務を認知してそれにもとづいて行動しようとする。人びとは、社会を経由して、やっと原理原則が個人に求める義務と責任の中身を知ることになる。

この「義務」は、正義の二原理が課す制約を守ることであり（たとえば、他人の権利を侵害しない、など）、正義の二原理が要求することを実行すること（たとえば、自分と同じ範囲で他人の権利を認める、など）である。これらの最低限の義務が達成されると、今度は正義の社会制度を維持するためのさらなる責務が加わる。お互いがお互いを「価値ある存在」と認め合うことや、助け合う・譲り合う・分かち合うことである。

加えて、公平さに関わる義務もある。約束を守ることや、正義の社会制度を維持するために応分の負担をすること（社会活動への参加など）や、さらには政治家・官僚など、特定の役職に課せられる特別な義務もある。

第四ステージでは、正義の二原理が要請する義務がなにかを知るために、または、判事が立法府で決められた法律の正義・不正義を決めるために、特定の社会環境についてのすべての情報が必要になる。これでオリジナル・ポジションの制約が完全に取り払われたことになる。すべての人が、すべての情報にアクセスできる段階である。

この段階で想定される人は、個別情報をすべて知り、正義の感覚に導かれ、自由で平等な人格としての根本的な関心を有している公平な市民である。こういう市民は、誠実で良心的な道徳的人物として、法律の特定の状況への適用を慎重に吟味する。

ロールズは、正義の二原理の第一原理が憲法に対応する、と述べている。平等な市民の自由は憲法に採り入れられて、憲法で保護されなければならない、ということである。これらの自由には、思想・良心の自由、人と結びつく自由、人格の自由、平等な政治的権利が含まれる。ロールズによると、これらの権利が具体化されていなければ、仮に憲法にもとづく民主主義が確立されていても、その政治システムは正義にかなっていない。

第3節　憲法の意義

ロールズは、憲法に関わる第二ステージの役割を、政府の権力を含む政治制度の設計と、「権利章典」による基本的自由の明確化としている。権利章典は、権力を縛るためにあるだけでなく（憲法が、国家による市民の権利の侵害を禁止しているから）、「自由で平等な市民」という概念を政府に思い起こさせることで、政府の役人に、あるべき行動の指針を提供している。

憲法において基本的自由を明確化するとは、どういうことだろうか。詳細は第1章で説明したが、ロールズは「自由で平等な人びと」と、その人たちの根本的な関心（善）という概念を導入して、ふたつのモラル・パワーを発展させ、適切に行使させるために必要な

「憲法にもとづく自由」を列挙しようとしている。平等な自由は人間に固有なモラル・パワーを発揮させる条件であり、その自由を憲法で規定する、ということである。

ロールズは明確化や列挙によって、抽象的な自由を、憲法において具体的な形態として示そうとしている。たとえば、思想の自由は、言論の自由や表現の自由、さらには議論の自由、探究の自由、芸術行為の自由として具体化される。人格の自由は、隷属からの自由、移動の自由、危害を加えられない自由、職業選択の自由、所有する自由、プライバシーの自由として明確化される。

これら憲法で規定される自由は、さらに立法過程で、もっと具体化されるであろう。たとえば、プライバシーの自由は、産む権利、または産まない権利として、同性婚として、自殺ほう助として、立法化されるかもしれない（し、されないかもしれない）。

言論の自由、表現の自由について、ロールズはすべての行為が平等に保護されるべきだとは考えていない。モラル・パワーの活用に資するかどうかによって、表現の自由に関わる行為のうちに、重要性で序列が現れてくる。

ロールズは政治的自由を、自由のなかでも上位に位置づけているから、政治的発言の自由は、ほかの自由より重視されている。これは、政治が正義の実現に関わることだからである。政治的発言の自由が制限されることがあるとすれば、それは発言によって社会が混乱し、秩序が壊れる可能性が高い場合だけである。

ロールズによれば、反対に、商業的な表現は規制の対象とされる。この種の自由が、モラル・パワーの発展と行使に役立たないからである。ロールズはとくに誇大広告を、社会的な無駄と見なしている。しかし商業的な表現には経済的利益があるので、第二原理（機会の平等と格差原理）で保護されることはある。

ロールズは独自の人間観にもとづいて憲法論を展開しているため、許容される表現の自由と、そうでない表現の自由の境界線が明確になっている。くり返すが、その基準は「モラル・パワーの開拓と適切な活用」に役立つかどうか、ということである。つまり複数の自由には「重要度」で序列があり、かつ表現の自由に関わる個別行為を規制するのかどうかの判断についても、モラル・パワーの活用と開拓を基準にしてなされる。ロールズはこのように「自由で平等な人びと」と「市民としての根本的な関心」を、憲法が保障する自由の解釈にとって不可欠な概念であると考えている。

憲法との関連で考えなければならないのが、民主主義である。民主主義には通常、ふたつの考え方がある。ひとつは多数決主義で、もうひとつは憲法にもとづく民主主義である。

前者は、国民レベルか議会レベルかは別にして、多数派を形成したほうが法律や政策を決めることができる、というものである。後者は、法律と政策の大多数は、国民レベルか議会レベルかにかかわらず多数決で決めてよいが、その決定の前提として憲法があり、憲法の指示しているところと多数決による決定とのあいだで衝突が起きれば憲法のほうが優先される、という考え方である。

ここに、ロールズが四段階に分けた意義がある。第一ステージでは、オリジナル・ポジションの下で全会一致で原理原則が採択される。第二ステージでは、オリジナル・ポジションの一部の制約が外れ、個人に関する情報はまだ隠されたままであるが、社会全体に関わる情報は開示される。第二ステージでは「全会一致」という条件は緩和されるものの、できるだけ全会一致に近いほうが望ましい。

憲法は、基本的人権（権利章典）と統治機構から成り立っている。権利章典の意義は、人権に反する法律が通ってしまった場合には、裁判所がその法律を無効にできることである。憲法のなかに議会と政府の決め方について書かれているのは、国家が国民の同意のもとに樹立されなければならないことを示している。

ここまでがオリジナル・ポジション、および半オリジナル・ポジションの下での社会のメンバー全員による決定である。この過程を経て、原理原則と、それにもとづく憲法という頑丈な基盤の上で、代議員によって法律が決められる。

代議員は、任期中は独自の意志によって法律を決めることになるが、法律と政策が完全に原理原則と憲法の方向性に沿っているのかどうかは、わからない。代議員が暴走することも充分に考えられるから、一部の人たちの自由と権利を侵害する法律を通すことも想定される。それを止めるのが憲法であり、司法による「違憲立法審査権」である。

ロールズが支持する民主主義のあり方は、まさにこの「憲法にもとづく民主主義」である。これが多数決主義と異なるところは、多数決主義では「多数の意志」に対する憲法の制約がないことと、立法府に対する裁判所の監視がないことである。

憲法にもとづく民主主義は、民主的政府に対して多数決の制限を課している。つまり過半数が賛同したからといって、政府はなにをしてもよい、ということではない。政府のしていることが憲法に反しているならば、法律や政策よりも憲法のほうが優先するから、政府はそれを止めなければならない。

なぜならば、憲法は半オリジナル・ポジションという公平な状況で決められたため、厳密さの点で法律よりも上位に来るからである。対して、法律は日々の案件に臨機応変に対応しなければならないため、一回ごとに公平な状況を再現して、市民ひとりひとりの意向を確認することはできないからである。すると、決定のスピードは速いが決定過程の公平さは雑になるから、その結果として出てきた法律や政策も、公平さの点で原理原則や憲法よりも劣る。

重要なことは、原理原則、憲法、法律の役割分担である。原理原則は完全に公平な状況での、心からの積極的な合意にもとづかなければならない。憲法はそれを元にはしているものの明確な文章として表現される分、ある程度は現実についての情報が必要になる。しかし現実の情報が入り込む分、「公平さ」の面では厳密さが少し失われるため、憲法の前提に原理原則がなければならない。

そして第三ステージの法律の段階では、社会のメンバーはオリジナル・ポジションから抜け出て、社会についての情報だけでなく個々人に関する情報までをも考慮に入れて社会の方向性を決めていくことになる。だから個別事情に合った法律や政策にはなるが、決定の「公平さ」は失われるため、一部の人たちの自由や権利が侵害される可能性がある。そうなった場合には、一段階前で決められている憲法が優先されて、法律が覆されることになる。

現実社会での決定にスピードと個別情報が必要であるために、第二ステージと第三ステージを分けて、法律と政策の決定を代議員に委託する制度が築かれた。しかしそれでも、民主的な憲法によれば市民が主権者であり、市民が選挙によって代議員を選んで、市民が代議員に主権の一部を貸し出すのが、議会制度である。代議員は議会の開催されているあいだは主権を掌握し、議会は法律を決める権威を委任される。

スピードと個別情報が必要な法律と政策決定では、市民レベルでの国民投票どころか、代議員レベルでの議会においても全会一致など不可能だから、決定は多数決主義にならざるを得ない。ロールズの『正義論』は大半が第一ステージの話である。しかしこの話を現実に近づけようとすればするほど、いま辿ってきたように、多数決主義に向かってしまう。そして多数決主義を推進するのが、功利主義である。

功利主義によれば、全体の幸福を増やすための最も効果的な方法は、代議員に「大多数の国民の欲望と利益を満足させたい」という意識を植えつけるような、そういう政治体制を築くことである。功利主義の世界では、すべての人びとは自分の利益だけに関心を持っているため、自分の利益のことだけを考えている代議員に、国民の大多数の幸福を大きくしたい、と信じ込ませるような動機づけをしなければならない。

これを提供するのが「再選されたい」という代議員の願望である。再選欲求によって、民主的に選出された代議員は、国民の過半数以上の利益を満足させることを目標にするようになる。だから合理的な代議員は、みずからの選挙区の願望と欲求を理解し、それが具体化される法律と政策を選ぼうとする。

もちろん議会レベルでの多数決主義が、国民レベルでの最大多数の最大幸福をもたらすとは限らない。民主主義制度の下では、「ひとり一票」が絶対的な前提であるが、個別政策においては、個々人によって賛否の強さが異なるからである。

通常、消費者向けの政策は、利益を得られる人数は多くなるが、ひとりひとりが獲得する利益の量はそれほど大きくない。一方で同じ政策は、生産者に大きな負担を強いる。人数としては少ないが生産者ひとりひとりが負う失点はとても大きくなるから、合計すると、この政策の社会的総得点はマイナスになる場合もある。

ただ「ひとり一票」という原則は、権利（この場合は、選挙権）の平等性という観点から考えると絶対に曲げられないため、投票の際に「強度」（一票に込める強さ）を入れることが、本当によいのかどうかは断言できない。すると、最大多数の最大幸福を達成するという功利主義の目標から判断するならば、功利主義にとっては、多数決主義がベストな決定方法となるであろう。

ロールズは、多数決主義を、社会に正義を実現するという点で不適切な方法と考えている。というのも、多数決主義には少数派の意見が通らないという面で平等な政治参加の権利を侵害しているだけでなく、すべての平等な市民の自由と権利、とくに少数派の市民の自由と権利を保護し維持するための制度設計が欠けているからである。

ロールズによれば、通常の社会環境の下では、多数決主義的決定は基本的自由の制限につながり得るし、民族的・宗教的・階級的な少数派の権利と利益を差別することになりかねない。多数決主義社会においては、平等な政治的自由以外の基本的自由と権利が、制度的に認められていないからである。「平等な政治的自由以外」というのは、選挙の際の「ひとり一票」だけは確実に制度化されている、という意味である。

功利主義的社会では、思想・良心の自由、人と結びつく自由などよりも人間の欲望を満足させるほうが優先されかねない。「されかねない」としたのは、功利主義的社会では、これらの自由が「必ず」侵害される、ということではないことを示すためである。功利主義の原理原則に「思想・良心の自由は、なにものよりも優先される」と明記されていないため、現実社会での政策決定の際、物質的な満足度と、思想・良心の自由が比較検討された時に金銭のほうが選択される可能性がある、ということである。

ロールズによれば、基本的自由を認知し保護するための制度的装置が、明文憲法であり、とくに権利章典、権力分立、二院制、司法による違憲立法審査権を含んだ憲法である。権利章典には、代議員に対して、民主的立法においてなにが最優先課題となるべきかを思い起こさせる役割がある。権利章典は、司法による違憲立法審査権と組み合わされることで、多数派の決定に制限を課している。

権力分立と二院制には、多数派への「チェック・アンド・バランス」（抑制と均衡）としての働きがある。法律の決定を遅くすることで、立ち止まって反省する時間を与え、多数派の暴走を抑えている。この期間には、議会レベルだけでなく、国民レベルの熟議も可能になる。国民・議会・裁判所の熟考・熟慮・熟議は、基本的な自由が侵害されないことを確かなこととし、すべての当事者の言い分が聴かれる場を与え、立法者に少数派の立場を理解させる機会を提供する。

多数決主義に基本的自由を保護する制度設計が欠けているのは、多数決主義が、人びとの利益を大きくすることを目指しているためである。幸福の最大化が政策目標になっていると、人びとの願望や好みを抑制することができなくなる。多数派への憲法による制約があれば、議会の過半数の意向が通るのを止めることができる。憲法が、代議員による自由と権利を軽視した幸福追求を抑制できる、ということである。

ロールズにとって、民主的な立法の第一目的は、幸福の最大化ではなく、個人の自由を保護することと、すべての人びとの「共通の善」を実現することである。ロールズは、法律が「みんなに共通の善」を追求することが、民主主義の役割だと述べている。政府は共通の善を目指さなければならないが、共通の善とは、みんなの益になるような条件を整え、みんなの益になる目標を達成することである。

ロールズは共通の善を「正義」と捉えており、正義を市民の自由と平等を促進するものとしている。正義にかなった社会制度（正しい憲法、正しい法律、正しい経済規範、正しい所有制度など）は理性的で合理的なすべての市民の益になる。ロールズの世界では、互恵性（お互いに恵み合うこと）と相互尊重（お互いを「価値ある存在」と認め合うこと）の原則に従って、自由で平等な市民が協力し合っている。

正義にかなった制度の第一目的は、自由で、平等で、自立した市民という理想を実現することである。個々の市民は、議会や政府によって幸福や利益の追求を妨害されてはならないが、ロールズは、市民は優先的に自由と平等を維持することに最大限の関心を持たなければならない、としている。利益より自由が優先するということである。

もし共通の善を促進することが民主主義の役割で、共通の善が正義のことであるとするならば、民主的政府の最優先課題は、正義を実現することである。ロールズの文脈で見るならば、立法府の役割は、正義の二原理にかなった法律をつくることである。正義のかなった秩序ある社会という理想では、立法者は正義の二原理を達成するために必要な対策について議論しなければならない。

この理想的世界では、代議員は、特定の個人の特定の利益の追求を目指してはならない。同様に、多数決主義を根拠に少数派の利益をないがしろにして、多数の利益を満足させるような法律を通してはならない。議会が特定の個人の利益を追求することは、議会に、正義が求める共通の善を具体化する気がないことを意味する。

ロールズはさらに、司法による違憲立法審査権が、憲法にもとづく民主主義と両立すると考えている。これは裁判所が、人権を無視した法律を無効にして、市民の自由を保護することを目的に、違憲立法審査権を行使しているからである。

これに対して、多数決主義者は、裁判所の介入は非民主的だと考えている。というのも、違憲立法審査権とは、立法府による「民主的」な決定を覆すことだからである。「民主主義」を過半数による決定と理解するならばそう感じられるかもしれないが、ロールズは最初から多数決主義を採っていない。司法の介入は、過半数の反民主的な決定に対抗して民主的憲法を守っている、というのがロールズの見方である。

第4節　正義にかなった経済制度

以上のように、ロールズは、法律よりも憲法のほうが優先し、憲法よりも原理原則のほうが優先すると考えている。それは原理原則が完全に公平な条件の下で決められて、憲法が少し緩められた公平な条件の下で決められたからである。一方で、その分、法律よりも憲法のほうが抽象的で、憲法よりも原理原則のほうが抽象的である。

だから正義の二原理が具体的にどんな社会制度になるのかについては議論の余地があり、原理原則のレベルでは決めることができない。その最たるものが、格差原理が求める制度の具体的な姿である。これについては、すでに第2章で検討しているが、ここでは制度的な観点から格差原理の現実的な形態について考えてみたい。

これについても第2章で考察済みであるが、ロールズは明確に福祉国家を肯定していない。というのも、福祉国家は資本主義を前提にしているのと、原理原則レベルでは、功利主義にもとづいているからである。だから先に答えを言うと、ロールズが目指しているのは、社会主義に近いものになる。

ロールズは資本主義に賛同しないと述べたが、ロールズにとって資本主義は、市場経済に関することではなく、財産の所有に関することである。というのも、ロールズは社会主義に近いものの、市場経済は認めているからである。ロールズにとっての社会主義とは、資本主義のように生産手段が一部の資本家の手に握られていない制度である。

言い換えれば、ロールズは資本主義を、資本が資本家によって所有され、コントロールされている経済制度と理解している。資本家は労働者とはまったく別のところに位置し、一方の労働者は資本を持たず、市場価格で働かされている。

ロールズは資本主義を基礎とした制度に、二種類あるとしている。ひとつは自由放任主義的資本主義で、政府は基盤づくりにのみ専念して、市場に規制をかけない制度である。政府がすべきことは、市場が正常な機能を果たすために所有権や契約に関するルールを整えることと、道路のような社会インフラなど、民間市場からは出てこないが経済にとって必要な「公共財」を建設することである。

自由放任主義の下では、政府はこれ以上はなにもしてはならないから、貧しい人たちのための再分配政策は実施せず、市場の結果に手をつけてはならない。資本主義陣営で自由放任主義に対抗するのが、福祉国家資本主義、または資本主義的福祉国家である。この制度の下では、政府は、失業保険・年金・健康保険・生活保護・障害者手当によって市場が創り出したゆがみを修正する。

資本主義内のふたつの選択肢に対してロールズが提出しているのが「財産所有制民主主義」と「市場社会主義」である。どちらにするかは、特定の社会の環境と伝統と慣習に依存する。財産所有制民主主義は、資本と生産手段を一部の資本家に持たせるのではなく、できるだけ多くの人に広げて持たせる制度である。というよりも、むしろ働く者みずからが生産手段を所有する制度というべきであろう。これには、企業運営への労働者参加と経営の民主化が伴う。

財産所有制民主主義は、私有財産を認めるという点では社会主義的ではないが、一部の資本家が富の大半を握っていることを否定するという面では反資本主義的である。資本主義的福祉国家は、資本と生産手段を一部の資本家が支配している状態それ自体は容認して、そこで生じた貧富の格差を政府による再分配政策で是正するという方法である。

ロールズは資本と生産手段の所有形態を問題にしているから、「福祉」の発想を否定するわけではないが、資本主義を前提にしているという理由によって、福祉国家には乗らない。「ロールズは福祉国家の正当化を試みた」という通念が間違っているのは、まさにこの点を理解していないことの表れである。

ロールズは、財産所有制民主主義と市場社会主義のどちらを選ぶかは、その社会の状況によって変わると述べているが、ここでの「社会主義」を、生産手段（土地、天然資源、資本）の公共的所有と解釈している。財産所有制民主主義は、私有財産を認めるが、生産手段は働く者が持つべきだとしている。市場社会主義は、生産品の交換において、市場のメカニズムは利用するが、生産のための資本や設備は公共、すなわち政府の所有にするというものである。

財産所有制民主主義にしても、市場社会主義にしても、あくまで対象は資本と生産手段の所有形態についてであって、所得の再分配をどこまでやるか、社会保障を充実させるべきか、公共財はどこまで政府で供給すべきか、については、この段階ではなにも決められていない。むしろ福祉国家がこのような金銭的分配に関心を持っているのとは反対に、財産所有制民主主義と市場社会主義は、金銭的な分配についてはなにも語っていない。ロールズにしてみれば、金銭の問題は所有形態の「後」に来るべき話である。というのも、所有形態が金銭格差の「原因」であるから、この原因に取り組む制度を採用しなければ、いくら小手先で所得の再分配を実施しても、格差の根源は解決できないからである。所得の再分配によって、お金持ちから税金を取って貧しい人に差し出しても、構造的に格差が創り出されている以上、その構造自体に、つまり所有形態に対処しなければならない。

ロールズにとっての社会主義は、このように「生産手段の公共的所有」のことだから、所得の再分配に積極的か消極的かは、この時点では明確でない。同時に、この意味での社会主義であれば、商品取引に市場価格を用いることも、生産手段の公共的所有と両立する。しかしロールズは共産主義には反対する。共産主義は市場取引を廃止するとともに、生産の計画自体も政府が行うが、これが個人の自由を侵害するからである。

一般通念では、市場と社会主義が両立することなど考えられないが、ロールズによれば、市場は、所有者がだれであるのかにかかわらず、生産するための要因を効率的に人びとの手に届ける役割を果たす。国家が生産手段を所有しているとしても、政府は資本や生産手段を起業家や労働者に「市場価格」で貸し出すことができる。これにより市場を通じて生産に使われる土地、労働力、資本が効率的に利用者に配られる。

この側面ではロールズも「自由主義者」であるが、それは生産手段の市場的配分が正義の二原理で求められているからである。労働力が自由市場で取引されることは、公平な機会の平等だけでなく、職業選択の自由と人格の自由を保障する。これに対して共産主義では、政府が生産計画をつくるため、生産目標の達成のために労働力の配置についても政府が決定する。これはまさに職業選択の自由や人格の自由に反する。

ロールズは、計画経済よりも市場経済のほうが生産に使う諸要素を効率的に配分すると考えている。生産要因の効率的な配分は、恵まれない人を含めみんなの益になるから、格差原理も市場経済を歓迎する。

ただしロールズは、あくまで市場を「手段」として考えており、市場がすべてのものに値段をつけて、市場が効率的に配分する結果を「正しい」とする発想には反対する。たとえば、収益をどう分けるかという基準は、効率性によって決められてはならない。むしろ決定は、収益の配分方法が最も恵まれない人の益になるのかどうかを考慮する格差原理によってなされなければならない。

だから最初は市場経済の果実については、政府はなにもいじらずに貧富の格差をそのままにして、後でお金持ちから税金を取って貧しい人に配って格差を是正するという所得の再分配政策に、ロールズは賛同しない。ロールズは、最初の格差の時点で「平等な自由」と「公平な機会の平等」が達成されていないことを問題視し、最初から格差の起こり得ないような制度を求めている。その原因が資本と生産手段の所有形態にあるため、ロールズは財産所有制民主主義か、市場社会主義を提案している。

ロールズのターゲットは資本主義だから、自由放任主義だけでなく、福祉国家をも支持しない。というのも、仮に資本主義的福祉国家が最低限の生活保障を提供するとしても、この制度は格差を是正する際に、相互尊重（お互いを「価値ある存在」と見なすこと）の原則を考慮していない、とロールズは考えるからである。

相互尊重を考慮していないところに一部の資本家による資本の集中的所有が加わると、経済と政治の権力が少数者に握られてしまう制度に到達する。ここでは、資本家にすれば「貧しい人にお金だけ渡せばよいのだろう」ということになるが、ロールズから見れば、お金よりもっと大事な「平等な自由と権利」がないがしろにされる。ここには明らかに、貧しい人を「価値ある存在」と見なす動機が失われている。

ロールズは、福祉国家資本主義には、いくつかの欠点があると述べる。まず、福祉国家の最低限の生活保障は格差原理が求めるレベルよりも低く、恵まれない人たちの基本的自由を維持できない。

ロールズから見れば、福祉国家は功利主義を正当化しているだけである。最低限の生活保障の基準は、功利主義的な計算、つまり「効用」をもとに計算される。その最低ラインは、これ以上あげると働く意欲をなくしてしまう、という手前のところで止めなければならない。格差原理と異なり、福祉国家は恵まれない人の自由や権利、さらには人間としての本質的な平等性や相互尊重の精神を考慮していない。

福祉国家の次の欠点は、所得を再分配する前のスタートの時点で、富の著しい格差や経済的影響力を制限していないことである。富と影響力の格差は、平等な政治的自由を脅かす。ロールズは、資本主義的福祉国家が許容する社会的・政治的不平等は、市民の政治的影響力の平等と両立しない、と考えている。それは福祉国家、すなわち功利主義では、最大多数の最大幸福という目標のために恵まれない人たちの政治的自由が軽視されてしまうからである。

富・権力・地位の不平等と集中によって、お金持ちや大企業は政治家や官僚に対して影響力を及ぼすことができて、自分たちに得になる法律や政策を実施してもらえる。政治で議論される課題をコントロールすることもできるし、それで自分の経済的利益を伸ばすこともできるようになる。

福祉国家の欠点の最後は、富の不平等・集中と、大半の市民の政治的影響力が小さいことによって、公平な機会の平等が維持できず、このために、大半の市民がみずからの社会的・経済的な生活状況を変えることについて、力もないし、政府とのコネクションもないことである。

資本と生産手段が一部の資本家によって集中的に握られており、大多数の人びとは自分の労働条件を自分で管理できない。圧倒的多数の市民は資本や生産手段を所有しておらず、コントロールすることもできない。経営における決定も、社会の富の多くを所有している特権的な資本家や企業の上層部によってなされている。

そのため「機会の平等」と言ってもそれは形式に過ぎず、「すべての人びとの自由・権利」という発想ではなく、むしろ経済的効率性という観点からしか語られることがない。「適材適所で生産性が上がる」という話である。だからこの文脈では、企業経営への労働者参加は経済的に非効率だとして否定されてしまう。

これらの欠陥を解決するのが、財産所有制民主主義となる。そこで、財産所有制民主主義と福祉国家資本主義との違いをいくつか見ていこう。まず、くり返しになるが、財産所有制民主主義は資本主義と異なって、生産手段が広範囲に所有されることになり、そのため、働く者が資本と労働条件を自分たちでコントロールできるようになる。

また、財産所有制民主主義では、お金持ちと貧しい人とのあいだの所得と富の格差は、福祉国家資本主義ほど大きくない。財産所有制民主主義の下では格差原理の効果もあり、平等な政治的自由と公平な機会の平等を守るために著しい貧富の格差は是正される。この文脈で想定される格差是正策は、お金持ちが子孫に資産を残す際に不動産税・相続税・贈与税を課すことである。

財産所有制民主主義は、福祉国家資本主義と違い、政治的自由の公平な価値を提供する。「公平な価値」とは、人びとが政治的自由を行使する際の、その人にとっての意味と効果である。財産所有制民主主義の下では政党に対して助成金が配られるので、とくに選挙においての、少数のお金持ちの富が異常な政治的影響力を持つことはない。これによって、政治課題に関する公共的討議が期待される。

福祉国家資本主義よりも財産所有制民主主義のほうが公平な機会の平等が保障されている。労働者は、ただ金稼ぎのために自主性なく働かされるのではなく、日々の生産で用いられる資本を所有しコントロールする機会を持つことができる。加えて、働く者は自分の労働条件を自分で決めることができてスケジュールも自分で管理する。単なる「使われる」存在から、自立した存在として意義のある人生を送れる。

資本主義的福祉国家の原理原則が功利主義であるため、財産所有制民主主義のほうが最低限の生活保障が大きい。というのも、財産所有制民主主義は最大多数の最大幸福、すなわち全体の効用（満足度）の最大化を目標にしているわけではなく、恵まれない人たちの経済的・社会的状況の改善を目指しているからである。

財産所有制民主主義では、富の集中が世代を超えて受け継がれないように相続や贈与が制限される。家系内での相続や贈与を制限することは、公平な機会の平等を保障するためには必要なことである。お金持ちの家に生まれたということだけで富を集中的に握り、それによって政治的影響力を及ぼし続けることは、特定の人たちだけに、より権力を集中させることになる。

これを解決するために、ロールズは相続税の導入を求める。これは相続や贈与などの資産の移転の際、与えたほうではなく、受け手に課税するものである。というのも、財産所有制民主主義の下でならば、すでに裕福な人は、もうこの時点で多額の税金を課せられているはずであるので、受け手のスタートラインを調整するために相続税が導入される。当然、この税率は、恵まれない人たちへの相続税よりもずっと高くなる。

もう少し一般的な税金の話をしなければならないが、ロールズは意外なことに、所得税ではなく、支出税（消費税のようなものと考えればよいであろう）を主張している。というのも、所得税はその名のとおり「所得」に対して課せられる税金だから、ロールズは、この税が働く意欲を失わせると考える。もちろん格差是正の効果を含めて、ある一定以上の支出をした人にしか課税されることはない。

所得税は、人びとが労働や投資を通じて、どれほど生産に貢献したか、に応じて課税されるが、支出税は、人びとが消費を通じてどれほど生産品を社会から取ってきて自分の物にしたか、に応じて課税される。支出税は、所得税によって働く意欲や生産的な努力や貢献を妨げないことを目的にした税である。

ロールズは支出税のほうが働く意欲という面で効率的であり、人びとを平等に扱う点でも所得税よりも優れているとする。所得税は、累進性を導入するならば、所得の額に応じて税率が変わるが、支出税（消費税）は均一税率である（たとえば、どんなものでも一〇パーセントというように）。均一税率の公平さは、むしろ古典的な自由主義者が支持してきた議論である。意外なところで共通点が現れてくるものである。

ロールズは特定の人間観にもとづいて理論を展開しているが、ロールズは体力があるならば人は働くべきであると考えている。これは、働いても働かなくても政府が最低限の生活保障をしなければならないのかどうか、という議論とは、ひとまず関係ない。

ロールズは、正義の二原理が創り出した秩序ある社会は社会的協力の場であると考えている。人びとは自由と権利を含む社会的基本財という道具を用いて、それぞれが理想とする人生の目標を追求すればよいが、なにかを成し遂げるためには、ほかの人たちとの協力は欠かせないので、社会に貢献することを勧めている。働くことは、その重要な部分である。ロールズは「卓越性」を重視しているが、その考えはここにも反映されている。

ロールズは「自分を価値ある存在」と見なすことができる独立した存在であるためには、意義があって自信を持てるような仕事に携わることが重要であると考えている。さらに、人びとが正義にかなっていて公平な社会的協力に関わっているならば、人びとには自分の役割を果たす義務があるとも考えている。自分は貢献しないけれども、ほかの人が努力して創られた成果はいただく、ということは悪いことである。

ここからロールズは政府の役割も論ずるが、政府は、体力がある人はみんな働くべきであると考えているならば、失業対策を採るべきであるとしている。人びとが労働することを前提とした制度を創り上げておいて、数パーセントの自然失業を放置しておくことは、政府として無責任、ということである。もし民間経済だけで完全雇用を達成できないならば、公共事業やその他の公共サービス（医療や介護など）を通じて完全雇用を成し遂げるのが政府の任務である。

しかしそれでも、働いてはいるものの、恵まれない人たちも多いであろう。通常の資本主義的福祉国家ならば、「最低賃金」という制度が採用されている。どんな職業であろうと、たとえば「一時間当たりの賃金は一〇〇〇円以上でなければならない」というように法律で決めることである。

意外なことに、ロールズはこれに反対している。それは、賃金は市場価格で決められており、政府がそれを操作することは越権行為になるからである。ロールズはこの点で、市場経済論者である。これが意外に感じられるのは、われわれが福祉国家を前提にしてロールズを解釈しようとしているためであって、ロールズが別の対策を採っていることを見逃しているためである。

ロールズはあくまでも、正義の二原理にもとづく財産所有制民主主義を前提に、具体的な制度について語っている。だからそもそもの最初の段階で、現実社会のような異常な賃金格差が生じることはない。加えてロールズは、それでも恵まれない働き手には「所得補助」を実施すべきだとしている。ひとつの具体的な形態が「負の所得税」である。ある所得以下の人に、政府が最低生活保障との差額を提供するという制度であり、これは古典的自由主義者のなかで支持されている。ここにも、意外な共通点が現れている。

ロールズは、医療保険が財産所有制民主主義にとって不可欠であると考えている。ロールズによれば、国民皆保険と教育は、公平な機会の平等のために、とても大切なことである。持病やハンディキャップで苦しんでいる人は、同じレベルのスキルや才能を持っていて健康な人たちと対等に競うことができず、機会を有効に利用することができない。これは明らかに公平な機会の平等に反する。したがって正義の二原理は、すべての市民が加入できる公的資金（税金）による国民皆保険制度を求める。

第5章　秩序ある社会の安定性

第1節　正義の感覚が支える社会

オリジナル・ポジションの下にいる人びとが求める原理原則は「安定的」でなければならない。ロールズが目指すのは「秩序ある社会」を築くことであるが、ロールズにとって「秩序ある社会」は、政治・経済・社会制度が正義を体現していること、これが社会のメンバー全員に知られていること、人びとが正義の要件を受け容れて法律を守っていることである。これが原理原則が「安定的」ということの意味である。

原理原則が「安定的」であるためには、なにが必要だろうか。安定的とは、原理原則が実現可能であり、状況が変わり制度が発展して社会がさまざまな圧力にさらされても持続可能なことである。とくに、経済危機・大災害・紛争のような圧力がかけられても、原理原則が信任されていれば、それは安定的と言える。

ロールズは次のような時に、原理原則は「安定的」と言っている。それは、原理原則が政治・経済・社会制度として具体化されて、人びとがその原理原則を積極的に維持しようと決意した時である。ロールズはこれを、秩序ある社会が「正しい理由で安定的である」

と名づけるが、それは社会を支える力が、社会のメンバー全員のモラル・モチベーション（道徳的な動機）と正義の感覚にもとづいている時である。

正しくて安定している秩序ある社会は、正しい原理原則に規制されている社会であるが、その原理原則は社会のメンバーみんなが承諾しており、全員が原理原則の要求する役割を積極的に受け容れ、正しい理由で行動が動機づけられている。メンバーは原理原則を守る義務を負うことになり、人びとはその義務にもとづいて行動することになるが、正しい理由で動機づけられるとは、メンバーが本心からその義務を受け容れることである。

社会の内部で混乱が起こった場合や外部から動揺が持ち込まれた時、正義にかなった制度が回復されることが、安定的な秩序ある社会の特徴である。原理原則が安定していること、そしてその原理原則を体現した秩序ある社会が安定していることは、その原理原則が実現可能なものであることを示している。原理原則が安定性を保つから、その原理原則が採用される、ということである。

原理原則が安定的かどうかということは、原理原則が人間の本性や価値観に合致しているのかどうかに関わる。というのも、もし人間の生得的な性質や人間が普通に求める物事に反しているならば、人びとはその原理を受け容れる際、無理やり承諾させられる。そういう原理原則は具体化されることはないし、長続きすることもない。だから安定性は、実現可能性と持続可能性の必要条件である。理性的で合理的な人間が、実現可能性と持続可能性のない原理原則を受け容れるはずはない。

ロールズは、人びとに安定性のある原理原則を選ばせる道徳的動機を「正義の感覚」と呼んでいるが、正義の感覚を開拓して発展させ使わせる過程は、人間の成長の正常な一部だと考えている。人間が普通に発育するならば、だれでも正義の感覚を身につける、ということである。ロールズによると、安定的な秩序ある社会では、人びとは正しい原理原則にかなう正しい制度を支え維持したいという願望を普通に持っている。

社会が安定的である条件は、社会のメンバー全員が正義の感覚を身につけており、それが正しい制度を支える動機になるということであるが、ロールズはさらに、正義の感覚を育て使わせること、そしてそれにもとづいて原理原則が要求する義務や法律に従うことが人間の合理性、言い換えれば人間の「善」に合致する、と主張している。

社会が安定的であるためには、メンバー全員が原理原則とそこから帰結する法律を守っている、ということを、みんなに理解させることである。「他人も守っているから、自分も守らなければならない」という確信が持てなければだれも規則を守らないから、社会は崩壊する。社会の安定性のためには、みんなにこの確信を持たせることが不可欠となる。つまりすべての人に、正義の法に従う正しく充分な理由があることを示すことである。

加えて、正義の原理原則を採用していれば、仮に社会的混乱が起こっても、原理原則にみんなの信任があるため正常な状態に回復するということについても、メンバー全員が確信を持っていなければならない。「他人も法に従っている」「混乱しても、秩序が回復する」というふたつの確信を持てることが、安定性の条件である。

これを上からの権力によって成し遂げるのか、それとも下からのメンバー全員の信任によって達成するのかが、大きな分かれ目であるが、ロールズは後者であると論じている。ロールズによれば、上からの強制力は「間違った理由」による安定性であり、下からの信任は「正しい理由」による安定性である。

というのも、上からの強制は、政府が絶大な権力を得ているからできることであるが、これは自由と民主主義を軽視する政治体制である。また、正義の法に従おうという理性的で合理的な人びとの道徳的な動機は強制されるべきものではなく、みずからの自発的な意志によって起こるものでなければならない。正義は人間の本性に合致していなければならないし、その人間の本性は自由を求めるものであり、強制を嫌うものである。

ロールズは一切の強制力を否定しているわけではない。原理原則が選ばれ、それにより社会の基本構造が具体化され、それにもとづいて憲法が書かれ、憲法に従った法律が制定されるが、法律の執行の際、政府が権力を行使することは、全員が守っているという確信をみんなに示すために当然のことである。

しかし強制力はあくまで原理原則、社会の基本構造、憲法、法律という流れで言えば、法律の段階でのみ補助的に使われるもので、そもそもの原理原則の段階では強制力は行使されてはならない。そうでなければ、原理原則は「正しい理由」で選ばれたものではなくなるからである。「正しい理由」とは、くり返すが、メンバーひとりひとりが具えている正義の感覚によって、全員の合意によって、安定化作用のある正しい原理原則を選ぶことである。

ロールズは正義の感覚やそのほかの道徳感情を、正常な発達によって培われる心理的傾向であると捉えている。正義の感覚のない人は友人がおらず、愛情を注げず、他人を信頼できず、同時に不正義や不条理に対して怒りや憤りを感じることもない。こういう人は、人間なら本来だれでも有しているはずの根本的な態度や能力が欠けている。

ロールズの『正義論』は通常、政治哲学の本と見られているが、この本の面白いところは、叙述としては、このような道徳心理学は最後まで出てこないにもかかわらず、ロールズの議論のなかにはこの人間の本性が根底にあって、その上に社会理論が築かれている点である。本書も、説明の順番としては『正義論』のとおりに進んできたが、発想としては基盤に道徳心理があり、その上に自由や権利があり、その上に社会制度がある。

正義の感覚は正義のルールを喜んで受け容れ、積極的に正義のルールに従おうとする道徳的な心理傾向である。そしてこれは、自分の利益に反する場合でもルールを守らなければならないという決意でもある、だからこそ、正義の感覚、つまり「理性的であること」と自分の利益、すなわち「善」が一致すると、原理原則への信任がとても強くなる。

ロールズは正義の感覚を道徳的確信と見なしているが、すると正義の感覚は、数あるモチベーション（動機）のひとつということになり、自分の利益や、近い人への利他的な動機や、別の道徳的動機など、ほかの動機と競合することもある。正義の感覚があることが人間の社会性の前提条件であるが、だからと言って、これは自己犠牲や利他性や慈悲心とは異なる。これらは「情」と呼ぶにふさわしい動機であるが、正義の感覚は冷静な判断力にもとづく理性的な動機である。加えて正義の感覚には、特定の対象はない。原理原則の正義・不正義を正確に選ぶ人間の認識機能であるから、利他的行為のように、特定の人や集団を目的にしていない。

確認すれば、秩序ある社会の安定性の前提は、メンバー全員が正義の感覚を持っていることである。正義の感覚は、正しい原理原則と、その原理原則が導く制度的要件に従って行動するという、人間の心理的な能力である。秩序ある社会の人びとは、法律と社会慣習の基礎として正義の原理を採択している。だから社会の安定性は、個人の心理的な動機にもとづいている。

ここにふたつの疑問が生じる。ひとつは、こういう心理傾向の人は、なぜ正義の二原理を選ぶのかということであり、もうひとつは、複数の動機が競う時、どうして正義が優先されるのかということである。

前者については、正義の感覚を使って正義の二原理を選ぶことがなぜ「正常な」行為であるのか、ということを示さなければならない。というのも、特定の人や集団に対する忠誠心にもとづく利他性のほうが、ルールや規範という抽象的原理に反応する正義の感覚よりも強く作用とすると考えられるからである。

後者については、ロールズは人間が自分の価値、すなわち「善」を遂行する心理傾向を「合理的であること」としているが、これが正義の感覚と衝突するかもしれない、ということである。人生にはいろいろな目的があり、それを遂行することが人生に意義を与えている。個人の「善」を成し遂げたいという感情と、社会の「正しさ」を具体化したいという動機は、合致するのであろうか。

これは、秩序ある社会の市民は、正しい原理原則に従おうという正義の感覚に「合理的」に動機づけられるのか、ということである。しかし、もし多くの人が個人の「善」よりも正義の感覚を優先するための充分な理由を持てなければ、他人も正しいルールを守っているということに確信が持てなくなり、その結果、正しい原理原則への信任が揺らいでしまうから、その原理原則には実現可能性も持続可能性もないと見なされてしまう。

これらふたつの疑義に対するロールズの回答は、道徳心理の説明と「正義の善」という概念によって与えられる。道徳心理の部分では、発達心理学の知見を用いて、人間が正常な発育において正義の感覚を身につけていく過程が描かれる。「正義の善」についてロールズは、正義の感覚が「合理的」であると主張する。正義の感覚が個々人の「善」と重なり合い、むしろ正義の感覚が人間の「善」の一部を構成すると考えている。

道徳心理学の話は、正義を見極める道徳的動機の発達に関することである。人間は必ずしもエゴイスト（自己中心主義者）ではなく、家族・友人など近い人に対しては自己犠牲を含む利他的な行動をすることもある。人間は限定的に利他的な存在である。であるならば、われわれには、具体的な人間を超えた普遍的な原理原則を選ぶ能力はあるのだろうか。それができるならば、どんな心理的傾向がそれを促すのだろうか。

ここでモラル・モチベーション（道徳的動機）という言葉が出てくるが、これは抽象的で普遍的な道徳ルールや原理原則に従いたいと思う道徳的願望のことである。この動機によってわれわれは具体的な事物を目標とする自分の利益に制約を課している。

だから特定の人に向けられる慈悲は、この意味での道徳的動機ではないが、人類のような抽象的で普遍的な対象であるならば、その慈悲は道徳的動機と見なされる。功利主義的社会では、このような道徳的動機が必要とされる。というのも、最大多数の最大幸福の実現、たとえばGDP（国内総生産）の最大化を目指す時、低所得者に「全体の利益になるならば、貧乏に耐えなければならない」と思わせることができないと、社会は安定しない。その結果をもたらした原理原則に反対する勢力が大きくなれば、暴動が起きるからである。

一見、このような無制限の慈悲は社会をよくするためには必要なように感じられるが、実際のところは、とくに功利主義的社会であれば、一部の人にかなり大きな負担を強いることになる。だからロールズは、自分の利益を度外視した無制限の利他性は社会の安定には役立たない、と主張している。

原理原則への信任が強くあるためには、抽象的で普遍的な原理原則に対する正義の感覚と、自分の利益を求める合理性とが一致していなければならない。だからここでロールズは、正義の感覚が合理的であることを示そうとしている。正義の感覚が合理的であるためには、正義の感覚が人間の正常で本性的な心理傾向であることを、人間の発育に照らして説明しなければならない。

第2節　道徳心発達の三段階

これについてロールズは、いくつか重要なポイントを挙げている。正義の感覚は人間の社会性の中心的な動機である。正義の感覚がないことは、性格的に欠陥があることを意味する。正義の感覚は、良好な条件の下であれば、家庭環境、友人関係や、そのほかの社会的な結びつきの影響で、大人になるまでのあいだに正常に発達する。正義の感覚は、愛情、好意、友情、同胞意識など、生得的な社会的情操の一部である。正義の感覚は一度発達すると、法律や社会規範だけでなく、より抽象的な原理原則や哲学的な正義の理念を対象にするようになる。

　正義の感覚を身につけることは単なる習慣化ではなく、理性的な熟考を必要とする。正義の感覚は、明晰な推論力・理解力・判断力が発達した後に、それらを通じて獲得される。正義の感覚は生得的な社会的情操の一部であるから、個人の合理的な関心や、その人の「善」と両立する。

　ここで道徳心の発達を説明するために、新しい概念が登場する。「互恵性」である。文字どおり「お互い恵み合う」ということだが、なにかしてもらったらお返しをする、ということであり、なにかしてあげたら、相手からのお返しを期待してもよい、ということでもある。ロールズにとって「互恵性」は、最も重要な心理傾向である。ロールズは互恵性をもとに、道徳心の発達の法則、すなわち互恵性ルールを打ち立てている。

ロールズは、人間は普通に、正しいことのお返しに正しいことをしたい、秩序ある社会の人びとは、正しい制度が自分たちの利益になり、正しい制度がわれわれを守ってくれているので、そのお返しに正しい制度を支えたくなる、と論じるために互恵性ルールを使っている。

　すでに述べたように、ロールズの『正義論』は政治哲学の書であるが、とくに格差原理をめぐっては、経済学のなかで議論されてきた。だからこの本に「愛情」「家族」「友人」という言葉が出てくることに驚かれるだろうが、これがこの本の素晴らしいところである。

ロールズは互恵性ルールを三段階の発達心理に応用している。道徳的発達の第一段階は、家族のあり方が正義にかなっている時、子どもが親への愛情を持つところである。第二段階は、家族を超えた結びつきによって（友人、隣人など）、仲間・同輩者への忠誠心から道徳的動機を養うところである。第三段階は、抽象的で普遍的な原理原則を見極める道徳的動機を発展させるところである。

第一段階では、親が子どもに愛情を注ぎ、子どもに「自分は価値ある存在」であるという意識を与えることができれば、子どもは親に対して愛着を感じるようになる。子どもは「人（親）が自分を助けてくれている」という実感を持つことによって、その気持ちをその人（親）への信頼感と愛情に変えていく。最初は幼児期の自己愛から始まったものであるが、徐々にその方向が外部の援助者に転換していき、自分に向いていた愛が相手に向いていく。

子どもは、自分に対する親の愛情と信頼によって、少しずつ親の言うことを聞くようになる。子どもはまだ親がそう命じる理由を理解できていないが、親を信頼しているから、素直にその言いつけに従う。このような情操が養われると、家の外で親の言いつけに従わなかったりすると、そのことが親に知られていないとしても罪の意識を感じる。それはこの段階の道徳的動機が完全に身についた証拠である。

ロールズは発達心理学の用語を借りて、この段階を「権威の道徳」と名づける。これはあくまで愛情と信頼にもとづく親と子どもとのあいだの道徳的関係であるから、「権威」と言っても、それは神や国家が植えつける恐怖とは異なる。

ここでの権威の道徳の中心にあるのは愛情であり、相互信頼であり、親から与えられた子どもの自信（自分を価値ある存在と見なすこと）である。これらの感情によって子どもは親への敬意を抱くが、この権威への尊敬こそが正しい原理原則を見極めさせる道徳的動機を育てることになる。

第二段階では、子どもの年齢が上がって、つき合う範囲が広がり、友だち、クラスメイト、近所の人、スポーツなどクラブの仲間に強く影響を受けるようになる。子どもはこのような新しい集団に入ると、そこで自分の位置や役割を見つけようとする。そしてその役割の理想の姿を思い浮かべ、それに近づこうと努力する。子どもはその理想から、その役割にふさわしい徳を学ぶようになる。「この役割では、このように振る舞うのが、優れた人のやることだ」というような卓越性を目指すわけである。

この段階の最も重要な特徴は、子どもが、集団はさまざまな役割や地位によって構成されていることを知り、そのことで、その子が「協力する」ことの意義を理解することである。つまり集団がメンバーの協力で成り立っていて、協力を促進することが集団の目的である、ということを認識することである。

子どもは、集団のなかに異なった役割があることを見て任務や責任が分担されていることを知り、徐々に自分を他人の立場に置くことを覚えるようになる。そしてその他人の立場から物事を観察することができるようになる。

この第二段階の「互恵性ルール」によれば、役割と責務の分担が「公平」だと見なされ、集団が義務と責任を果たしていれば、メンバーは集団を信頼し、集団に所属していることを自信を持って肯定できる。これによってメンバーは「集団にいたい」という願望を抱くようになり、積極的に義務を果たし、自分の役割の理想の姿に近づこうと精進する。ロールズはこの第二段階を「結びつきの道徳」と名づけている。

第三段階が「原理の道徳」である。これは人が家庭で愛情と信頼を植えつけられ、仲間に対する友情と相互確信を養った後の話である。ロールズによれば、この段階まで来れば、われわれは正しい制度を支えたいという願望を持ち始め、それによって正義の感覚を身につけるようになる。その前提は、われわれが正しい制度から恩恵を受けていることを認識していることと、これらの制度がメンバー全員に正しいものと理解されていることである。この道徳的確信は、われわれが義務や責任を果たしたいという意欲として、そして正しい制度でなければ改革したいという願望として、具現化される。

この正義の感覚の重要なところ、そして前のふたつの段階の道徳的動機と異なるところは、正義の感覚が特定の人や集団に関わる動機ではなく、抽象的で普遍的な原理原則に対するものだということである。

この正義の感覚は、仲間意識が社会全体に拡大されたものと勘違いされやすいが、ロールズによると、拡張された仲間意識は充分な普遍性を具えてはいないから、人類共通の「正しさ」を見極めることはできない。拡張されたとは言え、仲間意識は普遍性とは別次元の、特定の人間を対象としたところから始まっているため、個別具体的な偶然性に左右されてしまう。好意を寄せる人に有利な原理原則を選んでしまう、というようなことも起こりうる。だから大きな社会のメンバー全員を引き寄せて、みんなが納得する原理原則には到達できない。

なぜこう主張できるのかというと、ロールズが、人間には本性として仲間意識や人間特有の具体的な利益を増進したいという願望だけでなく「公平さ」を求める願望がある、と考えているからである。それは、人間の具体的な利益を実現する際、それを「公平な」やり方で遂行する、という願望である。言い換えれば、世のなかには無数の立場があるが、どんな立場から見ても正しくて公平なやり方を採らなければならない、ということである。どんなに結果がよくても、それが正しい手続きをふまなければ後味が悪くなるという、われわれが普通に感じる感覚のことである。

ロールズは、正義の二原理こそが、この三段階の「互恵性のルール」に合致する、と述べている。ロールズによれば、正義の二原理のほうが功利主義よりも社会を安定させるが、それは前者が「互恵性のルール」という人間の本性と両立するからである。要するに、正義の二原理のほうが人間本来のあり方に近く、だから人間が無理やりにではなく、自然に、素直に受け容れられるということである。

第三段階の「互恵性のルール」は人間の「善」を増進することに関わっている。第一段階では、親が子どもの「善」を気にかけている。第二段階では、友人や仲間が、私の「善」を進めてくれるし、私もお返しとして彼らの「善」を増やすために努力する。第三段階では、具体的な人間の姿は消えるが、「社会のメンバー全員」や「正しい制度」という不特定な対象である分、抽象的で普遍的な存在から恩恵を受けているから、今度は全体の「善」を自分の目標にする。

このように「互恵性のルール」は「善」を達成するための心理傾向であるが、これが正義の二原理と合致するのは、正義の二原理が、平等な自由、公平な機会の平等、格差原理による最低限の生活保障という人間の「善」を維持するのに役立つからである。ここで心理発達の三段階を通じて、個人の利益という「善」と、原理原則や制度に関わる「正しさ」が、ひとつにまとまることになる。「善」を増進し、かつ「正しい」原理原則であれば、その原理原則はメンバーの強い支持に支えられるから、安定的となる。

第3節 「正しい」と「善い」の合致

このようにロールズによれば、正義の二原理は、正常な道徳心理に基礎づけられる人間の本性と両立する。功利主義よりも正義の二原理のほうが人間の本来のあり方に合致すると主張するために、公共の「善」や慈悲心という自己犠牲的な精神を持ち出す必要はない。

たしかに、そういう利他的な動機は存在するけれども、個々人の「善」を前提にした「互恵性のルール」に比べればそれほど強くないし、多くの人が持っているわけではないし、頼りになる動機でもない。

ロールズは、他人の「善」よりも自分の「善」のほうが優先することを認め、その人間の本性をもとに理論を築いている。ロールズは絶えず「道徳」という言葉を使っているが、ロールズにとっての道徳は自分の「善」を犠牲にしてでも他人の「善」に尽くすことではない。「理性的であること」と「合理的であること」の両方があることが人間本来のあり方であるが、そこには他人の「善」だけを考慮するという超人的な利他性は含まれていない。だから自分の「善」を優先する心情は、ロールズの理論においては道徳に反することはない。

ロールズは「正しいこと」と「善いこと」が合致した時に安定した秩序ある社会を創り出す正しい原理原則が採択される、と述べている。人間には、正常な心理的発達を経験すれば、本性として正義の感覚があるから正しい原理を選ぶことはできるが、原理原則が安定的であるためには、言い換えれば、社会が混乱しても、原理原則への積極的な支持によって、すぐに合意にもとづく秩序が回復されるためには、その原理原則が自分の「善」すなわち自分個人の人生の目標に役に立たなければならない。

秩序ある社会の人びと全員に正義の感覚があって、その動機から正しい原理を選びたいと思っても、必ずしも、いつもそれが自分の「善」に適合するかどうかはわからない。正しい原理が個々人に要求する義務や責任が、自分個人の人生の合理的な計画に資するかどうか不明だからである。ロールズは、人間には「正しいこと」をしたいという強い道徳的な動機はあるが、それが実行に移されるためには、その個人の「善」と両立していなければならない、と述べる。ある原理原則に対して、理性的な精神が「イエス」というだけでなく、合理的な精神も「イエス」と言わなければ、原理原則は採用されない。「合理的」とは、自分の人生の目標に役に立つ手段を見極める人間の能力である。

ここで改めて「善」とはなにかを考えてみよう。ロールズは「善」を、人がそれを欲しがることが合理的なもの、と捉えている。「合理的」とは、くり返すと、自分の目的のために効果的な手段を選ぶことであるが、加えて、複数の目的がある時には優先順位をつけること、重要目的が複数ある時にはそれぞれをつじつまが合うようにすること、目的を遂行する際、実現の確率が一番高い手段を選ぶこと、複数の目的がある場合、実現できる目的の数が一番多くなる手段を選ぶことも「合理性」の定義に入る。

ロールズはくり返し「人生の合理的な計画」という言葉を使うが、それには、人生の大きな目標を達成するために、人生全体の時間軸においてどういうスケジュールで実行していくか、宗教的・哲学的・道徳的価値観をどう追求していくか、大きな目標に取り組む際、手段的な小さな目的をこなしていくことになるが、それをどういう順番で行っていくか、ということが含まれる。たとえば、抽象的な人生最大の目標が「こういう人になりたい」ということである場合、そのために学校に入るとか、そのための受験勉強をするとか、受験勉強のために一日のスケジュールを厳格に管理するなど、このように人生では目的と手段の連鎖が続くが、それを適切に順序づけするのが「合理性」である。

なにがその人にとっての「善」であるか、ある行動がその人にとって合理的な選択かどうか、こういう質問に答えるためには、われわれはその人の「人生の合理的な計画」を知らなければならない。人間の本性や類似性のため、たくさんの目的が重なり合うから、多くの部分で予測は可能である。健康でいたいとか、言語能力に優れたいとか、どんな職業に就くにせよ、そのスキルを高めたいとか、これらを求めることはだれにとっても合理的である。わざわざ不健康になりたい人はいないし、外国語でなくても、母国語に関して人とコミュニケートする際、話術に長《た》けているほうがよいし、自分が選んだ世界で生きていくには、技能を鍛えるほうが生きる意欲は旺盛になるだろう。

なぜ健康・能力・スキルは低いよりも高いほうがよいかというと、それらが人生の計画をつくり、追い求める際に、ないよりもあったほうがよいし、ある場合も、レベルが劣るよりも優れているほうがよいからである。さらに健康・能力・スキルは、磨きがかかればかかるほど人生が面白くなるし、生きている価値のあるものになるであろう。

確認すれば、人びとは生来的に「正義の感覚」を具えているが、ある原理原則を「正しい」ものとして本心から受け容れて、その原理原則が個人に要求する義務や責任を積極的に果たすためには、その原理原則が自分の「善」にも合致していなければならない。人びとには、自分の「善」のために「正しい」ものを選びたいとする願望がある、ということである。ここにいくつかの疑問が生じる。

正義の感覚は、正常な発達過程で自然に身につく、人間の本性であると述べてきたが、それが特殊な環境によってのみ心に植えつけられた社会慣習でないと、どうして言い切れるのであろうか。

または、正義の感覚は歴史の偶然で現れた利他性の変種で単なる幻想に過ぎないという反論に対して、どうして確信を持って「ノー」と返答できるのだろうか。もしかしたら

「他人のことを思え」と権力によって押しつけられているだけで、恐ろしさから承認しているだけであって、それを「人間の本性」と思い込まされているのは、抑圧されているため真相が無意識の奥に隠されてしまっているからではないだろうか。

別の疑問によると、ロールズが「権威の道徳」は親との結びつきに由来すると述べているが、それが愛情と互恵性ではなく抑圧と屈服でないと、どうして主張できるのであろうか。親との関係が愛情と尊敬という理想的な互恵関係にある、というのがロールズの立論であるが、そんな証拠がどこにあるのだろうか。

また、ある批判者は、現代の自由民主主義社会の平等性志向は「嫉妬心」に過ぎないと考えている。平等など幻想であって、あり得ない対等な関係を無理やりに人為的に現実社会で再現しようとしているのが平等思想の実態で、そもそも不可能なことをやろうとして、かえって社会にひずみを創り出している、という反論である。「正義」という発想は、貧民や失敗者の嫉妬や猜疑心が体裁を整えただけだ、ということである。

この批判を推し進めてみると、「正義」や「道徳」という概念自体が、自己破壊的な情緒に過ぎない、ということになるであろう。こういう理念に頼るから人間は「自己」を失い、もっともっと自分を高めていこうという意欲を失う、ということである。この手の批判者は、「平等」の実態は下層民が上の人の足を引っ張って引きずり下ろそうとしていることである、と平等主義者を断罪する。人間の本来あるべき姿は、「上の人」を下に下ろしてくることではなく、自分が努力して上を目指すこととなる。嫉妬は慰めにつながるから、貧民は甘やかすのではなく厳しく鍛えなければならない、とのことである。

このような見方は、それなりに多くの人たちに共有されており、ロールズも真剣に対処しなければならないと考えている。もし道徳心理が幻想であり、人間の「善」と両立せず、人間の本性に反しているならば、「正義の感覚が正しい原理原則を選ぶ」という立論自体が間違っていることになるから、ロールズとしては重大事である。

ロールズはここで「卓越性」という概念を出してくる。人間には、生得的であろうと後天的であろうと、技能が具わっているが、それをより高いレベルに引き上げたいという欲求がある、ということである。能力が磨かれ、スキルが伸びれば伸びるほど、それを使うことがもっともっと楽しくなる。人間は、なにかをする際、それがうまくいけばいくほど、それをすることがどんどん心地よくなる。そしてその成果が前よりも優れたものになれば、さらに意欲を増していく。だから、ロールズの言うところでは、人間は簡単なゲームよりもむずかしいゲームのほうに真剣に取り組み、それに打ち勝った時のほうが、達成感が大きくなる。

これは人間の不変的な特性というよりは傾向性であって、休息を求める欲望や身体的な苦痛など、ほかに強い力が働けば消えてしまうものかもしれない。しかし一度スキルが未熟な段階を超えると、高い技巧を必要とする活動に携わりたい、という欲求が出てくることは、認めてもよいであろう。条件さえ整えば、人間がそう思うことは、傾向性としては自然なことではないか。

この「卓越性」は人間心理の絶対的な法則としては使えないが、人が人生の計画を立てる時、どういう目的を持つか、どういう活動に携わるか、ということを説明する際には利用できるであろう。ロールズは、卓越性を人間の本性に組み入れることで、人生の計画は卓越性を考慮する時にのみ、その人にとって「合理的」になる、と主張する。自分の熟練した能力をさらに訓練し実際に活用することは、その人にとって「合理的」である。このことは、合理的な人が選ぶ人生の計画は、高い技能を開拓し発展させることに中心的な役割を与える、ということを意味する。

卓越性が人間の動機づけに加えられることで、従来は人間の「善」と見なされていたことが、合理的な計画の中心に据えられる目的や活動に転換する。「善」を追求するのは、それで別の目的を達成するためである。しかしここで卓越性が「善」になり、人が卓越性を求めることで卓越性それ自体が目的になり、活動の中心になっていく。つまり、ここでは「善」が目的に変化する。

ロールズは、価値ある活動には人生における意義があると考えているが、その価値ある活動として、知識を獲得すること、美を創造し鑑賞すること、意味のある仕事をすることを挙げている。なぜこれらに価値があるのかと言えば、それは卓越性を必要とするからである。人間は卓越した仕事に取り組み、卓越した成果を残すことを、なにか別の目的のための手段として、というよりは、それ自体を目的として望んでいる。もしそうならば、高い技能を磨いて活用することは、人間の「善」の一部ということになる。

人間の本性として、われわれのなかに「自分を高めよう、高めよう」という動機があるならば、平等思想が「嫉妬心」の表現だという批判は当たらない。みんなが自分の能力を信じて、それを発展させたいという意欲を持っているならば、他人に対して嫉妬心を抱くことはないし、仮に所得格差を目の前にしても、上の人の足を引っ張って自分のところにまで下ろしてくるのではなく、所得の高い人に敬意を感じつつ、自分もそうなるようにスキルに磨きをかけるようになるだろう。

というよりも、むしろ所得格差という発想自体がロールズの世界には存在しないのかもしれない。というのも、これは第2章と第4章で詳しく説明したが、正義の二原理が完璧に具体化されたら、所得と富において大きな格差が生じるはずはないからである。

しかしそれよりも大事なことは、ロールズ的世界にいる人は、ほかの人との差を、嫉妬や怨念という形で表現することはない。なぜなら、そもそもの最初から「差」を「上」とか「下」という序列では見ないからである。ロールズ的世界では、人びとは自由と権利、さらには社会的基本財において、完全に平等である。

自由と権利、パワーと機会、所得と富、「自分を価値ある存在」と見なすための社会的基盤が社会的基本財の中身であるが、第3章で考察した「オリジナル・ポジション」の下にいる人びとは社会的基本財が平等に分配される原理原則を選ぶから、そこでは一部の人びとが著しい貧困に追いやられることはない。

ただし、社会的基本財が平等に分配されたからと言って、金銭面でもみんなが完全に平等というわけではない。というのも、社会的基本財という手段・道具を用いて人生の目標を成し遂げようとする時、それを直接的にお金稼ぎに使う人もいれば、お金にはならない活動（たとえば、芸術）に振り向ける場合もあるからである。これは個人差であり、その人の自由である。

とはいえ、正義の二原理によって著しい貧富の格差は防止されるとともに、道具が平等に配られている。加えてこちらのほうが大事であるが、ロールズ的世界では、人びとはお互い相手に対して敬意を抱いており、人間の尊厳が保たれているため多少の金銭格差があっても、それが嫉妬心や猜疑心につながることはない。

ロールズの『正義論』では主に、正義の二原理の是非が論争の中心であった。とくに格差原理が経済学の文脈で、「オリジナル・ポジション」における「マクシミン・ルール」がゲーム理論で、厳しく批判されてきた（第3章で考察）。これらの論争は、たしかに意義のあるものではあったが、ある面では的外れの揚げ足取りになってしまった感もある。というのもロールズは、以上のようなロールズ特有の人間観の「上」に正義の二原理を築き、そして正義の二原理の「一部」として格差原理を導入しているからである。

もしロールズを批判するならば、まずその前に、この人間観に焦点を当てて、それ自体を慎重に吟味しなければならない。だがそのためには、安易に批判する以前の段階として、ロールズを、ロールズの視点から理解する努力をしなければならない。本書が徹底してロールズを擁護することに専念してきたのは、このためである。

ロールズの人間観が充分に把握できたならば、今度はみずからに照らして、その人間観がわれわれの生き方にとって、なにを意味するのかを考えたい。そうすれば、ロールズの『正義論』という本は「福祉国家を正当化した本」としてではなく、自分の人生の方向性を反省させる「心の拠り所の書」として再発見されることになるかもしれない。

ロールズは、人間にはふたつのモラル・パワーがあり、それは正しい物事を見分ける「理性的なもの」と、「善」を追求する動機としての「合理的なもの」である、と述べている。自由と権利は、人間がふたつのモラル・パワーを最大限に発揮できる条件を提供するものであって、多少の誤解を怖れずに言えば、自由と権利はそれ自体が目的ではない。人間の目的はあくまでも個人的なものであって、最も重要なものは人生の合理的な計画である。「人生をこうしたい」という個人的な価値であり、これが「善」であるが、この「善」と正しい物事を見極める「正義の感覚」が一致すると、選ばれた原理原則は安定的となる。

このように、正しい人には、正義を見分ける能力がある。ロールズはもちろん、これを人間の本性と捉えている。人間には、なにか行動する時、正しい理由からそうするという本来的な願望がある、ということである。正しい理由で行動することは美徳であるが、この美徳はまた合理的な判断にもとづいて実行に移される。美徳は合理的なのであるが、この美徳の合理性は、ロールズにとって、人間に本質的に具わっている人間固有の「善」である。

正義の美徳が人間に本質的に具わっている、ということは、正義の感覚を用いて正しいことを実行することは、それ自体に価値がある、ということである。ロールズがこのように主張する根拠は、先ほどの「合理性」と「卓越性」にある。

ロールズによれば、秩序ある社会では、正義の二原理は個々人にとって「善」である。自由と権利が確保でき、公平な機会が与えられ、最低限の生活が保障されていて、それによって自分の「人生の合理的な計画」を遂行できるからである。正しい原理原則は自分個人の利益にもなる、ということである。

ロールズは、人間には本性として「理性的であること」と「合理的であること」というふたつのモラル・パワーがあるとしているが、「人生の合理的な計画の遂行」と「その条件としての正しい原理原則の選択」というふたつの判断を適切に下すには、ふたつのモラル・パワーは欠かせない。

前々段落で「秩序ある社会では、正義の二原理は個々人にとって『善』である」と述べたが、それはふたつのモラル・パワーを使うことが、その人にとって「善」と感じられる、ということである。そしてロールズの考えるところでは、この道徳心理は人間の本性として「卓越性」を基盤にしている。

ロールズは、普遍的に「正しいこと」と個人としての「善」はイコールであり、そして「正」と「善」が一致すると「個人の利益にもなる、正しくて安定的な原理原則」が選ばれると論じているが、「正」と「善」の一致を証明するために「卓越性」という概念を導入する。「卓越性」がこの文脈で登場すると、それは、正義を見分ける能力は高次の能力である、ということを意味する。

正義を見分ける能力には、正義の要件（正しい原理が個人に求める義務や責任）を理解する力、適用する力、それにもとづいて行動する力が含まれる。この能力が発揮されるためには、かなり複雑な発達と訓練が必要とされる。

秩序ある社会では、メンバー全員が正義の感覚を持っているので、正義の感覚に磨きをかけることが人生の合理的な計画、すなわち「善」の一部になる。正義の感覚がさらに鋭くなり、「正しいこと」を実現する可能性が高まること自体がその人の満足感につながる、ということである。

ここで、全員が同じ生得的な能力を持っているとしても、それには程度の差があるのではないか、みんなが正義の感覚を具えているとしても、高い資質の人と低い資質の人がいるのではないか、という批判が思い浮かぶかもしれない。

能力を高めていくことが合理的という、そんな能力の具体的な中身は、性格や環境や興味関心で、人によって変わるのではないだろうか。仮に「卓越すること」が人びとにとっての「善」になるとしても、磨きをかけたいと思う能力をどれにするかは人によって異なるから、必ずしも合理性が正義の感覚に向かうとは限らないのではないか、という反論である。正義の感覚を鋭くすることがみんなにとって「合理的」であると、どうして言い切れるのか、ということである。

第4節　卓越した正義の感覚

この反論に答えるためには、複雑な手続きをふまなければならない。少しおつき合いいただきたい。基礎から確認していくと、ロールズは人間を道徳的な存在と捉えているが、それは自由で、平等で、合理的な存在ということである。これを反対側から言いなおせば、秩序ある社会では合理的な人は道徳的な人である。というのも、秩序ある社会では、自由と平等が保障されているからである。

そしてロールズによると、秩序ある社会にいる合理的な人びとは、自由で、平等で、合理的な存在としての自分のあり方を外に対して表現したい、という欲求を持っている。だから、秩序ある社会にいる合理的な人びとは、自分の人生の計画と自分の本性とを一致させたいという欲求を持っている。これは「自分は自由で、平等で、合理的な存在である」と世のなかで証明できるような人生にしたい、ということである。

「自分は自由で、平等で、合理的な存在である」とみんなに対して表現したいという欲求と両立するような人生の計画を立てるためには、人は「自由で、平等で、合理的な存在」ならば選ぶはずの原理原則にもとづいて行動しなければならない。この「ならば選ぶはず」が第3章で考察した「オリジナル・ポジション」である。オリジナル・ポジションを想定することで、原理原則を選ぶ際の「公平な条件」が明らかになる。

公平な条件で原理原則を比較検討するオリジナル・ポジションで選ばれた原理原則を実践したい、それにもとづいて行動したい、という欲求が「正義の感覚」である。以上の前提から、「自由で、平等で、合理的な存在」という本性に従って行動したいという欲求は、オリジナル・ポジションで合意された原理原則に従って行動したいという欲求とまったく同じになる、ということが言える。前者は「善」で、後者は「正」である。

要するに、秩序ある社会にいる人びとが、「自由で、平等で、合理的な存在」としての本性を表現したいという合理的な欲求を充たすためには、人びとは正義の感覚に則って行動しなければならない。

人びとに本性として「卓越性」願望が具わっているならば（ロールズはそう信じている）、人びとは正義の感覚を肯定することで、みずからの「自由・平等・合理性」の本性を外に対して表現することになるが、この行動はその人にとって合理的である。「卓越性」願望が具わっていることで、（自由と平等が保障されている）秩序ある社会では、自分の本性を表現することは、その人の「善」の中心に来る。この心理傾向によって、人びとは行動を選択する際、「正しいこと」を優先するようになるが、これは単に「正しい」からしているというだけではなく、自分にとって心地よい（つまり「善」）からでもある。

正義の感覚を肯定することとは、正義の感覚を最高の価値として受け容れることである。「最高の価値として受け容れる」ということは、正義の感覚を、みずからの合理的な計画を遂行する際に用いるルールとして採用することを意味する。正義それ自体を人生の究極の目的にすることは、自分を「自由で、平等で、合理的な存在」であると表現するための、最も適切な方法である。

先ほどの反論は、秩序ある社会にいる人びとの全員に「卓越性」願望があるとしても、みんながみんなその対象を正義の感覚にする、言い換えれば、みんながみんな正義の感覚を卓越した位置にまで磨き上げるとは限らないという反論であった。これに対してロールズは次のように言う。自由で、平等で、合理的な人びとは、その本性を具体的に示したい。そしてその方法は「正しいこと」をすることであり、そうすること自体が自分の欲求を満足させるから、その感覚を優先して高めることは、当然である。

ロールズは、正義の感覚が人間の本性に属している、と主張するのであるが、それは、人びとが自由で、平等で、合理的であり、かつそれを個々人が認識しているだけでなく、公衆全体がお互いにそうであることを認識し合っている、ということである。

ロールズは、自由で、平等で、合理的であることを「モラル・パーソナリティ」（道徳的性格）と呼んでいる。人びとが道徳的性格を持つためには、彼らに「モラル・パワー」がなければならない。道徳的能力が道徳的性格の条件になる、ということである。

ロールズによれば、人びとが合理的で道徳的な存在として行動する時、彼らはみずからのことだけでなく、ほかの人びとのことをも自由であると見なしている。ここでの「自由」は、合理性と道徳性に則って自分の行動を決められること、自分の欲望を調整できること、目的を形づくれることである。

そして自分たちのことを、自由で責任ある道徳的存在であり、平等であると認識できるための基盤がモラル・パワーである。すなわちモラル・パワーを持っていることが、その人が自由で、平等で、合理的で、道徳的な存在であることを保障する。

ここまででも、ロールズが特有の人間観の上にみずからの政治哲学を打ち立てていることが理解できるが、ロールズはさらに次のように述べている。人間は自分たちのことを、単なる偶然の産物であるとか、環境に対して受け身の存在であるとは考えていない。そうではなく、人間は環境の制約はあるが、その下で、自分の行動と人生を自分でコントロールできている。モラル・パワーによって、われわれは合理性と正しい原理原則の両方に沿った形で、なにを目的にしたいのか、どう行動したいのかを自分で決めることができるし、複数の目的のつじつまを合わせることもできて、全体として統一性のある人生を築くことができる。

われわれは、ロールズにおいて「正しいこと」と「善」が同等であり、それぞれを認識させる「理性的であること」と「合理的であること」の両方の能力が発揮されることで、社会にとって「正しい」と同時に自分にとって「善い」原理原則が採択されることを見てきた。

そして正義の感覚を持ち、それを洗練させていくこと自体がその人の「善」であり、そうなるために正義の感覚を卓越したレベルにまで引き上げたい、という本質的な願望があることも見てきた。ロールズは正義の感覚を持ち、それを磨くことがその人の利益として認識される、と述べている。

それほど正義の感覚は強い衝動でなければならないが、正義の感覚が別の欲望、とくに非道徳的な私利欲望に比べて、そこまで強くなるためには、なにが必要なのであろうか。問題は、人生の合理的な計画のなかのどこに正義の感覚を発展させることが位置づけられるのだろうか、ということである。ロールズは人びとが人生の合理的な計画をつくるためには、目的と欲求、それもそれぞれ複数の目的、複数の欲求をうまく合わせて一貫した筋に仕立て上げなければならない、と述べている。

ある人が正義の感覚に突き動かされて、「正しいこと」を人生の合理的な計画に組み込みたい、と欲したとしよう。その人は「正しい」人物になりたいと思っているのであるが、同時に、家族・友人など身近な人への忠誠心や、職業において成功したいという願望や、特定の宗教への信仰心にも突き動かされている。これらは、その人の人生に意味を与える重要な諸目的である。この時、正義の感覚を、忠誠心・願望・信仰心と同レベルにまで引き上げるとすると、その人の人生はどう変わるのだろうか。

言い換えれば、忠誠心・願望・信仰心は人生においてかなり重要な目的と見なされるが、正義の感覚のような、対象が漠然としていて抽象的な心理傾向を、これらの価値観と同等にまでに高めていくことは、実際問題として可能なのであろうか。

ロールズによれば、正義の感覚は、具体的な対象に向けられる低次の欲求とは異なり、これら複数の低次の諸目的を統括する、高次の欲求である。長い人生においては、大目標と小目標があるだろう。唯一の究極的目標があるかどうかは別にして、どういう人になりたいのか、どういうことを成し遂げたいのか、という壮大な目標があるが、その壮大な目標を実現するための手段として、小さな諸目標がある。大きな目標のために、複数の小さな諸目標を吟味して優先順位をつけ、取り組む必要がないと判断した時には、いくつかの小目標を捨てるのが、高次の欲求の役割である。

正義の感覚は、複数の低次の欲求を、正しい原理原則に則った形で一貫性のあるものにしたい、という欲求である。そもそもの役割として、小さな諸欲求を規制することが正義の感覚の任務であるが、「正しいこと」と「善」を一致させるためには、低次の「善」に譲歩させて、正義の感覚が課すルールに服させなければならない。「正しいこと」をしたいという欲求を持つことはそういうことであるから、結局のところ、正義の感覚に低次の欲求を監督する役割が与えられる。そうすることで、正義の感覚は、人生の大目標と同等のところにまで引き上げられることになる。

人間は本質的に、自由で平等でありたい。それは平等な自由と権利が、人間本来の能力であるモラル・パワー（理性と合理性）を発揮させる条件を提供するからである。そしてモラル・パワーが発揮されることで、自由と平等を保障する原理原則が選ばれて、その原理原則にもとづいて秩序ある社会が築かれる。

秩序ある社会が実現されたことで、人びとは自由で平等な存在として生きられて、そのことでモラル・パワーがさらに磨かれ、秩序ある社会の基礎に位置づけられる正しい原理原則への信任が強くなり、そのことでさらに自由と権利が強化される。自由と平等、モラル・パワー、正しい原理原則、秩序ある社会は循環関係にある。

この好循環を確実なものにするためには、人びとにおいて、正義の感覚と価値観とが同等の重要性を持たなければならないが、そうなるためには、正義の感覚が、具体的な事物に向けられる低次の諸欲求を統括するところにまで上がっていかなければならない。

自由と平等を保障するには、正しい原理を選ばせるために正義の感覚に頼らなければならないが、自由と平等を求める衝動こそが、正義の感覚を、複数の価値観を監督する位置にまで高めていく。自由で平等でなければ諸価値を実現するための条件が整わないのであるから、人びとが正義の感覚に「善」と同等の地位を与えることは、当然のこととなる。

〔著者〕
森田浩之（もりた・ひろゆき）
東日本国際大学客員教授
1966年生まれ。
1991年、慶應義塾大学文学部卒業。
1996年、同法学研究科政治学専攻博士課程単位取得。
1996年～1998年、ユニバーシティ・カレッジ・ロンドン哲学部留学。
著書
『情報社会のコスモロジー』（日本評論社　1994年）
『社会の形而上学』（日本評論社　1998年）
『小さな大国イギリス』（東洋経済新報社　1999年）

ロールズ正義論入門

2019年 1 月25日　初版第 1 刷発行
2024年 1 月30日　初版第 3 刷発行

著　者　森田浩之
装　丁　奥定泰之
発行人　森下紀夫
発行所　論 創 社
〒 101-0051　東京都千代田区神田神保町 2-23　北井ビル
電話 03-3264-5254　FAX 03-3264-5232
振替口座 00160-1-155266
web. http://www.ronso.co.jp/

印刷・製本　中央精版印刷　組版　ダーツフィールド

ISBN978-4-8460-1784-2